T0131832

Der Anti-Stress-Trainer für Handelsvertreter

Steffen Becker

Der Anti-Stress-Trainer für Handelsvertreter

Entspannt verkaufen

Steffen Becker
Dresden, Deutschland

ISBN 978-3-658-12453-3   ISBN 978-3-658-12454-0   (eBook)
DOI 10.1007/978-3-658-12454-0

Die Deutsche Nationalbibliothek verzeichnet diese Publikation in der Deutschen Nationalbibliografie; detaillierte bibliografische Daten sind im Internet über http:// dnb.d-nb.de abrufbar.

Springer Gabler
© Springer Fachmedien Wiesbaden GmbH 2017

Gedruckt auf säurefreiem und chlorfrei gebleichtem Papier

Springer Gabler ist Teil von Springer Nature
Die eingetragene Gesellschaft ist Springer Fachmedien Wiesbaden GmbH
Die Anschrift der Gesellschaft ist: Abraham-Lincoln-Str. 46, 65189 Wiesbaden, Germany

Vorwort

Was hat Sie dazu veranlasst, dieses Buch zu kaufen? Ich vermute, Ihnen ergeht es auch so wie einigen anderen Menschen. Sie fühlen sich in dem täglichen Leben mehr oder weniger häufig gestresst.

Unabhängig davon ob Sie dieses Gefühl nur manchmal oder auch des häufigeren haben, so könnte es sein, dass Sie mit der Situation nur suboptimal zufrieden sind. Sonst hätten Sie dieses Buch nicht gekauft. Wahrscheinlich möchten Sie, diesen Stress reduzieren oder am besten noch loswerden, ihn eliminieren.

Vielleicht sind Sie auch der Mensch, der sich einfach gesagt hat: „Naja, ich weiß schon sehr viel und bin gespannt, ob ich hier etwas Neues erfahren werde, was mir hilft meinen Stress zu reduzieren."

Um zu verstehen wie ich gerade dazu komme dieses Buch zu schreiben, ist es vielleicht wichtig zu wissen, was ich den lieben langen Tag alles so mache und wo ich herkomme. Heute habe ich seit über 25 Jahren immer noch meine Handelsvertretung, die sich gegenüber früher inhaltlich gewandelt hat. Zu Beginn meiner Tätigkeit war ich für zwei Jahre als freier Vertreter im Finanzdienstleistungsbereich tätig und habe danach rund 13 Jahre nahezu ausschließlich als Handelsvertreter für die Bauzulieferindustrie gearbeitet.

In der Spitze bin ich im Jahr 120.000 km gefahren, der Schnitt waren dann Mitte der 90er Jahre rund 60.000 km. Inzwischen gibt es Berechnungen wonach Autofahrer im Schnitt 65 Std. eines Jahres im Stau stehen. Vielleicht ist es bei Ihnen mehr, dennoch reden wir hier über eineinhalb Wochen Arbeitszeit innerhalb eines Jahres. Auch wenn sich die Tätigkeiten im Laufe der letzten Jahre immer weiter gewandelt haben, eines ist gleichgeblieben: Der Handelsvertreter steht in dem Spannungsfeld zwischen den eigenen Bedürfnissen, den Bedürfnissen der zu vertretenden Firmen und den Bedürfnissen des Kunden.

Heute bin ich als Führungskräfte- und Vertriebscoach, Berater und Redner aktiv. In dieser Funktion nutze ich auch Produkte im Weiterbildungs- und Beratungsmarkt, die über Handelsvertreter, wie ich einer bin, in den Markt gebracht werden. Als Interim-Manager unterstütze ich Unternehmen beim Aufbau von Organisationen und Prozessen und halte kurzweilige Vorträge als Vortragsredner oder wie es neudeutsch heißt „Key-Note-Speaker". Egal in welchem Bereich, ich richte alles, was ich im Dienst meiner Klienten tue, auf das Thema Routine und Gewohnheiten aus. Durch die Neurowissenschaft, also die Wissenschaft, welche unser Gehirn erkundet, wissen wir, dass bis zu 95 % unserer täglichen Entscheidungen nicht in unser Bewusstsein kommt und wir damit mit einem Autopiloten die meiste Zeit des Tages unterwegs sind. Ich halte Routinen und Gewohnheit für ideale Werkzeuge, um Menschen erfolgreich werden zu lassen – unabhängig davon was Erfolg für jeden einzelnen bedeutet. Jetzt relativiert sich eventuell die Frage nach dem Wissen und dem Neuen erfahren. Denn reicht es etwas zu wissen, oder ist es nicht besser es umzusetzen und anzuwenden? Es geht also darum, wie wir als Mensch es schaffen, also Sie und ich, uns die förderlichen Routinen und Gewohnheiten anzueignen.

Stress ist nicht zwangsweise eine ständige Bedrohung. Dennoch ist es wichtig einmal näher anzusehen, wie ich als Mensch mit stressigen Situationen umgehe und woher sie kommen.

Dieses Buch ist so geschrieben, dass Sie möglichst eine große Bandbreite von Tipps erhalten. Ich hatte die Wahl zwischen einem Buch welches wirklich dazu dient, eine Schritt-für-Schritt-Umsetzungsanleitung zum Thema „Richtige Routinen entwickeln" zu schreiben, als auch die Variante mit mehr Tipps und Impulsen, aus denen Sie liebe Leser, sich dies rausnehmen können, was für Sie gerade passend ist. Ich habe mich – auch vor dem Hintergrund eines knackigen und kurzen Buches - für letzteres entschieden. Einige der Tipps sind in Form von Listen und Formulare verfügbar, die Sie aus dem Netz herunterladen können.

Zu Beginn des Buches schreibt mein Co-Autor Peter Buchenau über wissenschaftliche Hintergründe und deren Auswirkungen. Nach diesem Part zeige ich anhand dreier Beispiele auf, welche sogenannten „Stressoren" uns als Handelsvertreter zu schaffen machen. Was sind die Punkte, die einzelne von uns immer wieder nerven oder uns verrückt machen? Obwohl auch das Privatleben für uns möglicherweise stressorische Faktoren haben könnte, habe ich in diesem Buch bewusst darauf verzichtet. Ich denke, wir haben genügend Beispiele für den beruflichen Kontext; da wollte ich dieses Thema nicht auch noch anschneiden, denn auch der berufliche Bereich ist mit Sicherheit nicht vollumfänglich beschrieben. Dennoch können auch im privaten Umfeld Gefahrenquellen lauern und Sie sollten auch diese Tipps aus diesem Buch dafür anwenden können.

Nach dem wissenschaftlichen Part über Stress und dessen Auswirkungen, welchen mein überaus geschätzter Co-Autor Peter Buchenau verfasst hat, werde ich Ihnen einige Informationen und Tipps an die Hand geben, wie es gelingen kann mit weniger Stress durchs Leben zu gehen. Ich wünsche mir, dass Sie einiges davon mitnehmen und vor allem auch umsetzen können. Es sei Ihnen nur ergänzend zum Thema Umsetzung mitgeteilt, dass Sie, wenn Sie eine Routine und Gewohnheit verändern oder neu implementieren wollen, immer erst einmal über das bewusste Wahrnehmen dahin kommen, ganz bewusste Routinen und Gewohnheiten ausprägen zu können.

Aus Gründen der Gleichberechtigung möchte ich nur hinweisen, dass ich in der Regel die Bezeichnung Handelsvertreter nehme. Dies schließt gedanklich ebenfalls die Frauen mit ein. Dadurch lässt es sich besser, weil schneller,

schreiben. Ich hoffe sehr meine Damen Handelsvertrete-
rinnen, dass Sie damit umgehen können. Seien Sie versi-
chert, ich halte sehr viel von Ihrem Geschlecht.

Ihr
Steffen Becker

Inhaltsverzeichnis

Über den Autor

 **Steffen Becker** ist 1969 geboren und lebt in seiner Wahlheimat Dresden. Seit 1990 ist er als Handelsvertreter tätig. Zuerst 2 Jahre in der Finanzbranche und dann fast 13 Jahre in dem Verkauf von hochwertigen Bauelementen führten ihn in den Beruf, den er heute ausübt. Er ist als Berater, Coach und Sparringspartner für kleine und mittlere Unternehmen im Einsatz. Auch hier hat er noch eine Handelsvertretung in diesem Bereich. Darüber hinaus steht er als Redner für den Bereich fair. Lust – Gewinn

und Routinen auf der Bühne. Die Aneignung der richtigen Routinen ist ein zentrales Thema seiner Arbeit, denn er durfte am eigenen Leib erkennen wie wichtig dies ist. Burnout ist kein Fremdwort für ihn, weil er selbst die Erfahrung am Ende des Jahres 2013 gemacht hatte. Ebenso zählt der Umgang mit Fehlern und den möglichen positiven Entwicklungen daraus zu einem der Erfolgsfaktoren eines Menschen. Dies ist in dem Vortrag fair. Lust-Gewinn zentraler Bestandteil. Steffen Becker hat im Laufe seines Lebens mehrere Unternehmen aufgebaut oder ist an ihnen beteiligt. Seine Mission ist es, Menschen dabei zu unterstützen die nächste Stufe auf deren eigenen Lebensweg zu erlangen. Dieses Buch soll dazu dienen bei einigen Lesern dies zu erreichen.

1

Kleine Stresskunde: Das Adrenalinzeitalter

Peter Buchenau

Das Konzept der Reihe

Möglicherweise kennen Sie bereits meinen Anti-Stress-Trainer (Buchenau 2014). Das vorliegende Kapitel greift darauf zurück, weil das Konzept der neuen Anti-Stress-Trainer-Reihe die Tipps, Herausforderungen und Ideen aus meinem Buch mit den jeweiligen Anforderungen der unterschiedlichen Berufsgruppen verbindet. Die Autoren, die jeweils aus Ihrem Jobprofil kommen, schneiden diese Inhalte dann für Sie zu. Viel Erfolg und passen Sie auf sich auf.

Leben auf der Überholspur: Sie leben unter der Diktatur des Adrenalins. Sie suchen immer den neuen Kick, und das nicht nur im beruflichen Umfeld. Selbst in der Freizeit, die Ihnen eigentlich Ruhephasen vom Alltagsstress bringen sollte, kommen Sie nicht zur Ruhe. Mehr als 41 % aller Beschäftigten geben bereits heute an, sich in

© Springer Fachmedien Wiesbaden GmbH 2017
S. Becker, *Der Anti-Stress-Trainer für Handelsvertreter,*
DOI 10.1007/978-3-658-12454-0_1

der Freizeit nicht mehr erholen zu können. Tendenz steigend. Wen wundert es?

Anstatt sich mit Power-Napping (Kurzschlaf) oder Extrem-Coaching (Gemütlichmachen) in der Freizeit Ruhe und Entspannung zu gönnen, macht die Gesellschaft vermehrt Extremsportarten wie Fallschirmspringen, Paragliding, Extremclimbing oder Marathon zu ihren Hobbys. Jugendliche ergeben sich dem Komasaufen, der Einnahme von verschiedensten Partydrogen oder verunstalten ihr Äußeres massiv durch Tattoos und Piercing. Sie hasten nicht nur mehr und mehr atemlos durchs Tempoland Freizeit, sondern auch durch das Geschäftsleben. Ständige Erreichbarkeit heißt die Lebenslösung. Digitalisierung und mobile virtuelle Kommunikation über die halbe Weltkugel bestimmen das Leben. Wer heute seine E-Mails nicht überall online checken kann, wer heute nicht auf Facebook, Instagram & Co. ist, ist out oder schlimmer noch, der existiert nicht.

Klar, die Anforderungen im Beruf werden immer komplexer. Die Zeit überholt uns, engt uns ein, bestimmt unseren Tagesablauf. Viel Arbeit, ein Meeting jagt das nächste, und ständig klingelt das Smartphone. Multitasking ist angesagt, und wir wollen so viele Tätigkeiten wie möglich gleichzeitig erledigen.

Schauen Sie sich doch mal in Ihren Meetings um. Wie viele Angestellte in Unternehmen beantworten in solchen Treffen gleichzeitig ihre E-Mails oder schreiben WhatsApp-Nachrichten? Kein Wunder, dass diese Mitarbeiter dann nur die Hälfte mitbekommen und Folgemeetings notwendig sind. Ebenfalls kein Wunder, dass das Leben einem davonrennt. Aber wie sagt schon ein altes chinesisches Sprichwort: „Zeit hat nur der, der sich auch Zeit nimmt." Zudem ist es unhöflich, seinem Gesprächspartner nur halb zuzuhören.

Das Gefühl, dass sich alles zum Besseren wendet, wird sich mit dieser Einstellung nicht einstellen. Im Gegenteil: Alles wird noch rasanter und flüchtiger. Müssen Sie dafür Ihre Grundbedürfnisse vergessen? Wurden Sie mit Stress oder Burn-out geboren? Nein, sicherlich nicht. Warum müssen Sie sich dann den Stress antun?

Zum Glück gibt es dazu das Adrenalin. Das Superhormon, die Superdroge der High-Speed-Gesellschaft. Bei Chemikern und Biologen auch unter $C_9H_{13}NO_3$ bekannt. Dank Adrenalin schuften Sie wie ein Hamster im Rad. Schneller und schneller und noch schneller. Sogar die Freizeit läuft nicht ohne Adrenalin. Der Stress hat in den letzten Jahren dramatisch zugenommen und somit auch die Adrenalinausschüttung in Ihrem Körper.

Schon komisch: Da produzieren Sie massenhaft Adrenalin und können dieses so schwer erarbeitete Produkt nicht verkaufen. Ja, nicht mal verschenken können Sie es. In welcher Gesellschaft leben Sie denn überhaupt, wenn Sie für ein produziertes Produkt keine Abnehmer finden?

Deshalb die Frage aus betriebswirtschaftlicher Sicht an alle Unternehmer, Führungskräfte und Selbstständigen: Warum produziert Ihr ein Produkt, das Ihr nicht am Markt verkaufen könnt? Wärt Ihr meine Angestellten, würde ich Euch wegen Unproduktivität und Fehleinschätzung des Marktes feuern.

Stress kostet Unternehmen und Privatpersonen viel Geld. Gemäß einer Studie der Europäischen Beobachtungsstelle für berufsbedingte Risiken (mit Sitz in Bilbao) vom 04.02.2008 leidet jeder vierte EU-Bürger unter arbeitsbedingtem Stress. Im Jahre 2005 seien 22 % der europäischen Arbeitnehmer von Stress betroffen gewesen, ermittelte die Institution. Abgesehen vom menschlichen Leid bedeutet das auch, dass die wirtschaftliche Leistungsfähigkeit der Betroffenen in erheblichem Maße beeinträchtigt ist. Das kostet Unternehmen bares Geld. Schätzungen zufolge betrugen die Kosten, die der Wirtschaft in Verbindung mit arbeitsbedingtem Stress entstehen, 2002 in den damals noch 15 EU-Ländern 20 Mrd. EUR. 2006 schätzte das betriebswirtschaftliche Institut der Fachhochschule Köln diese Zahl alleine in Deutschland auf 80 bis 100 Mrd. EUR (Buchenau 2014).

60 % der Fehltage gehen inzwischen auf Stress zurück. Stress ist mittlerweile das zweithäufigste arbeitsbedingte Gesundheitsproblem. Nicht umsonst hat die Weltgesundheitsorganisation WHO Stress zur größten Gesundheitsgefahr im 21. Jahrhundert erklärt. Viele Verbände wie zum Beispiel der Deutsche Managerverband haben Stress und Burn-out auch zu zentralen Themen ihrer Verbandsarbeit erklärt.

1.1 Was sind die Ursachen?

Die häufigsten Auslöser für den Stress sind der Studie zufolge unsichere Arbeitsverhältnisse, hoher Termindruck, unflexible und lange Arbeitszeiten, Mobbing und nicht zuletzt die Unvereinbarkeit von Beruf und Familie. Neue Technologien, Materialien und Arbeitsprozesse bringen der Studie zufolge ebenfalls Risiken mit sich.

Meist Arbeitnehmer, die sich nicht angemessen wertge-schätzt fühlen und auch oft unter- beziehungsweise überfor-dert sind, leiden unter Dauerstress. Sie haben ein doppelt so hohes Risiko, an einem Herzinfarkt oder einer Depression zu erkranken. Anerkennung und die Perspektive, sich in einem sicheren Arbeitsverhältnis weiterentwickeln zu kön-nen, sind in diesem Umfeld viel wichtiger als nur eine ange-messene Entlohnung. Diesen Wunsch vermisst man meist in öffentlichen Verwaltungen, in Behörden sowie Großkon-zernen. Gewalt und Mobbing sind oft die Folge.

Gerade in Zeiten von Wirtschaftskrisen bauen Unter-nehmen und Verwaltungen immer mehr Personal ab. Hetze und Mehrarbeit aufgrund von Arbeitsverdichtung sind die Folge. Zieht die Wirtschaft wieder an, werden viele offene Stellen nicht mehr neu besetzt. Das Ergebnis: Viele Arbeitnehmer leisten massive Überstunden. 59 % haben Angst um ihren Job oder ihre Position im Unter-nehmen, wenn sie diese Mehrarbeit nicht erbringen, so die Studie.

Weiter ist bekannt, dass Druck (also Stress) Gegen-druck erzeugt. Druck und Mehrarbeit über einen langen Zeitraum führen somit zu einer Produktivitäts-Senkung. Gemäß einer Schätzung des Kölner Angstforschers Wilfried Panse leisten Mitarbeiter schon lange vor einem Zusam-menbruch 20 bis 40 % weniger als gesunde Mitarbeiter.

Wenn Vorgesetzte in diesen Zeiten zudem Ziele schwach oder ungenau formulieren und gleichzeitig Druck ausüben, erhöhen sich die stressbedingten Ausfallzeiten, die dann von den etwas stressresistenteren Mitarbeitern aufgefangen werden müssen. Eine Spirale, die sich immer tiefer in den Abgrund bewegt.

Im Gesundheitsbericht der Deutschen Angestellten Krankenkasse (DAK) steigt die Zahl der psychischen Erkrankungen massiv an und jeder zehnte Fehltag geht auf das Konto stressbedingter Krankheiten. Gemäß einer Studie des DGB bezweifeln 30 % der Beschäftigten, ihr Rentenalter im Beruf zu erreichen (Buchenau 2014). Frühverrentung ist die Folge. Haben Sie sich mal für Ihr Unternehmen gefragt, wie viel Geld Sie in Ihrem Unternehmen für durch Stress verursachte Ausfallzeiten bezahlen? Oder auf den einzelnen Menschen bezogen: Wie viel Geld zahlen Sie für Ihre Krankenversicherung und welche Gegenleistung bekommen Sie von der Krankenkasse dafür?

Vielleicht sollten die Krankenkassen verstärkt in die Vermeidung Stress verursachender Aufgaben und Tätigkeiten investieren anstatt Milliarden unüberlegt in die Behandlung von gestressten oder bereits von Burn-out betroffenen Menschen zu stecken. In meiner Managerausbildung lernte ich bereits vor 20 Jahren: „Du musst das Problem an der Wurzel anpacken." Vorbeugen ist immer noch besser als reparieren.

Beispiel: Bereits 2005 erhielt die London Underground den Unum Provident Healthy Workplaces Award (frei übersetzt: den Unternehmens-Gesundheitsschutz-Präventionspreis) der britischen Regierung. Alle 13.000 Mitarbeiter der London Underground wurden ab 2003 einem Stress-Regulierungsprogramm unterzogen. Die Organisation wurde angepasst, die Vorgesetzten auf Früherkennung und Stress reduzierende Arbeitstechniken ausgebildet, und alle Mitarbeiter wurden über die Gefahren von Stress und Burn-out aufgeklärt. Das Ergebnis war verblüffend. Die Ausgaben, bedingt durch Fehlzeiten der Arbeitnehmer, reduzierten sich um 455.000 britische Pfund, was einem Return on Invest von 1:8 entspricht. Mit anderen Worten: Für jedes eingesetzte britische Pfund fließen acht Pfund wieder zurück ins Unternehmen. Eine erhöhte Produktivität des einzelnen Mitarbeiters war die Folge. Ebenso verbesserte sich die gesamte Firmenkultur. Die Mitarbeiter erlebten einen positiven Wechsel in Gesundheit und Lifestyle (Buchenau 2014).

Wann hören Sie auf, Geld aus dem Fenster zu werfen? Unternehmer, Führungskräfte, Personalverantwortliche und Selbstständige müssen sich deshalb immer wieder die Frage stellen, wie Stress im Unternehmen verhindert oder gemindert werden kann, um Kosten zu sparen und um somit die Produktivität und Effektivität zu steigern. Doch anstatt in Stresspräventionstrainings zu investieren, stehen landläufig weiterhin die Verkaufs- und Kommunikationsfähigkeiten des Personals im Fokus. Dabei zahlt sich, wie diese Beispiele beweisen, Stressprävention schnell und nachhaltig aus: Michael Kastner, Leiter des Instituts für Arbeitspsychologie und Arbeitsmedizin in Herdecke, beziffert die Rentabilität: „Eine Investition von einem Euro in eine moderne Gesundheitsförderung zahlt sich nach drei Jahren mit mindestens 1,8 Euro aus."

1.2 Überlastet oder gar schon gestresst?

Modewort Stress … Der Satz „Ich bin im Stress" ist anscheinend zum Statussymbol geworden, denn wer so viel zu tun hat, dass er gestresst ist, scheint eine gefragte und wichtige Persönlichkeit zu sein. Stars, Manager, Politiker gehen hier mit schlechtem Beispiel voran und brüsten sich in der Öffentlichkeit damit, „gestresst zu sein". Stress scheint daher beliebt zu sein und ist immer eine willkommene Ausrede.

Es gehört zum guten Ton, keine Zeit zu haben, sonst könnte ja Ihr Gegenüber meinen, Sie täten nichts, seien faul, hätten wahrscheinlich keine Arbeit oder seien ein Versager. Überprüfen Sie mal bei sich selbst oder in Ihrem unmittelbaren Freundeskreis die Wortwahl: Die Mutter hat Stress mit ihrer Tochter, die Nachbarn haben Stress wegen der neuen Garage, der Vater hat Stress, weil er die Winterreifen wechseln muss, der Arbeitsweg ist stressig, weil so viel Verkehr ist, der Sohn kann nicht zum Sport, weil die Hausaufgaben ihn stressen, der neue Hund stresst, weil die Tochter, für die der Hund bestimmt war, Stress mit ihrer besten Freundin hat – und dadurch keine Zeit.

Ich bin gespannt, wie viele banale Erlebnisse Sie in Ihrer Familie und in Ihrem Freundeskreis entdecken.

Gewöhnen sich Körper und Geist an diese Bagatellen, besteht die Gefahr, dass wirkliche Stress- und Burn-out-Signale nicht mehr erkannt werden. Die Gefahr, in die Stress-Spirale zu geraten, steigt. Eine Studie des Schweizer Staatssekretariats für Wirtschaft aus dem Jahr 2000 untermauerte dies bereits damit, dass sich 82 % der Befragten gestresst fühlen, aber 70 % ihren Stress im Griff haben (Buchenau 2014). Entschuldigen Sie meine provokante Aussage: Dann haben Sie keinen Stress.

Überlastung … Es gibt viele Situationen von Überlastung. In der Medizin, Technik, Psyche, Sport et cetera hören und sehen wir jeden Tag Überlastungen. Es kann ein

Boot sein, welches zu schwer beladen ist. Ebenso aber auch, dass jemand im Moment zu viel Arbeit, zu viele Aufgaben, zu viele Sorgen hat oder dass ein System oder ein Organ zu sehr beansprucht ist und nicht mehr richtig funktioniert. Beispiel kann das Internet, das Stromnetz oder das Telefonnetz sein, aber auch der Kreislauf oder das Herz.

Die Fachliteratur drückt es als „momentan über dem Limit" oder „kurzzeitig mehr als erlaubt" aus. Wichtig ist hier das Wörtchen „momentan". Jeder von uns Menschen ist so gebaut, dass er kurzzeitig über seine Grenzen hinausgehen kann. Jeder von Ihnen kennt das Gefühl, etwas Besonders geleistet zu haben. Sie fühlen sich wohl dabei und sind meist hinterher stolz auf das Geleistete. Sehen Sie Licht am Horizont und sind Sie sich bewusst, welche Tätigkeit Sie ausführen und zudem, wie lange Sie an einer Aufgabe zu arbeiten haben, dann spricht die Stressforschung von Überlastung und nicht von Stress. Also dann, wenn der Vorgang, die Tätigkeit oder die Aufgabe für Sie absehbar und kalkulierbar ist. Dieser Vorgang ist aber von Mensch zu Mensch unterschiedlich. Zum Beispiel fühlt sich ein Marathonläufer nach 20 km überhaupt nicht überlastet, aber der übergewichtige Mensch, der Schwierigkeiten hat, zwei Stockwerke hochzusteigen, mit Sicherheit. Für ihn ist es keine Überlastung mehr, für ihn ist es Stress.

1.3   Alles Stress oder was?

Stress … Es gibt unzählige Definitionen von Stress und leider ist eine Eindeutigkeit oder eine Norm bis heute nicht gegeben. Stress ist individuell, unberechenbar, nicht greifbar. Es gibt kein Allheilmittel dagegen, da jeder Mensch Stress anders empfindet und somit auch die Vorbeuge- und Behandlungsmaßnahmen unterschiedlich sind. Nachfolgende fünf Definitionen bezüglich Stress sind richtungsweisend:

„Stress ist ein Zustand der Alarmbereitschaft des Organismus, der sich auf eine erhöhte Leistungsbereitschaft einstellt" (Hans Seyle 1936; ein ungarisch-kanadischer Zoologe, gilt als der Vater der Stressforschung).

„Stress ist eine Belastung, Störung und Gefährdung des Organismus, die bei zu hoher Intensität eine Überforderung der psychischen und/oder physischen Anpassungskapazität zur Folge hat" (Fredrik Fester 1976).

„Stress gibt es nur, wenn Sie ‚Ja' sagen und ‚Nein' meinen" (Reinhard Sprenger 2000).

„Stress wird verursacht, wenn du ‚hier' bist, aber ‚dort' sein willst, wenn du in der Gegenwart bist, aber in der Zukunft sein willst" (Eckhard Tolle 2002).

„Stress ist heute die allgemeine Bezeichnung für körperliche und seelische Reaktionen auf äußere oder innere Reize, die wir Menschen als anregend oder belastend empfinden. Stress ist das Bestreben des Körpers, nach einem irritierenden Reiz so schnell wie möglich wieder ins Gleichgewicht zu kommen" (Schweizer Institut für Stressforschung 2005).

Bei allen fünf Definitionen gilt es zu unterscheiden zwischen negativem Stress – ausgelöst durch im Geiste unmöglich zu lösende Situationen – und positivem Stress, welcher in Situationen entsteht, die subjektiv als lösbar wahrgenommen werden. Sobald Sie begreifen, dass Sie selbst über das Empfinden von freudvollem Stress

(Eu-Stress) und leidvollem Stress (Di-Stress) entscheiden, haben Sie Handlungsspielraum.

Bei **positivem Stress** wird eine schwierige Situation als positive Herausforderung gesehen, die es zu bewältigen gilt und die Sie sogar genießen können. Beim positiven Stress sind Sie hoch motiviert und konzentriert. Stress ist hier die Triebkraft zum Erfolg.

Bei **negativem Stress** befinden Sie sich in einer schwierigen Situation, die Sie noch mehr als völlig überfordert. Sie fühlen sich der Situation ausgeliefert, sind hilflos, und es werden keine Handlungsmöglichkeiten oder Wege aus der Situation gesehen. Langfristig macht dieser negative Stress krank und endet oft im Burn-out.

1.4   Burn-out – Die letzte Stresstufe

Burn-out … Als letzte Stufe des Stresses tritt das sogenannte Burn-out auf. Nun hilft keine Medizin und Prävention mehr; jetzt muss eine langfristige Auszeit unter professioneller Begleitung her. Ohne fremde Hilfe können Sie der Burn-out-Spirale nicht entkommen. Die Wiedereingliederung eines Burn-out-Klienten zurück in die Arbeitswelt ist sehr aufwendig. Meist gelingt das erst nach einem Jahr Auszeit, oft auch gar nicht.

Nach einer Studie der Freiburger Unternehmensgruppe Saaman aus dem Jahr 2007 haben 45 % von 10.000 befragten Managern Burn-out- Symptome. Die gebräuchlichste Definition von Burn-out stammt von Maslach & Jackson aus dem Jahr 1986: „Burnout ist ein Syndrom der emotionalen Erschöpfung, der Depersonalisation und der reduzierten persönlichen Leistung, das bei Individuen auftreten kann, die auf irgendeine Art mit Leuten arbeiten oder von Leuten beeinflusst werden" (Buchenau 2014).

Burn-out entsteht nicht in Tagen oder Wochen. Burn-out entwickelt sich über Monate bis hin zu mehreren Jahren, stufenweise und fortlaufend mit physischen, emotionalen und mentalen Erschöpfungen. Dabei kann es immer wieder zu zwischenzeitlicher Besserung und Erholung kommen. Der fließende Übergang von der normalen Erschöpfung über den Stress zu den ersten Stadien des Burn-outs wird oft nicht erkannt, sondern als „normale" Entwicklung akzeptiert. Reagiert der Betroffene in diesem Zustand nicht auf die Signale, die sein Körper ihm permanent mitteilt und ändert der Klient seine inneren oder äußeren Einfluss- und Stressfaktoren nicht, besteht die Gefahr einer sehr ernsten Erkrankung. Diese Signale können dauerhafte Niedergeschlagenheit, Ermüdung, Lustlosigkeit, aber auch Verspannungen und Kopfschmerzen sein. Es kommt zu einer kreisförmigen, gegenseitigen Verstärkung der einzelnen Komponenten. Unterschiedliche Forschergruppen haben auf der Grundlage von Beobachtungen den Verlauf in typische Stufen unterteilt.

Wollen Sie sich das alles antun?

Leider ist Burn-out in den meisten Firmen ein Tabuthema – die Dunkelziffer ist groß. Betroffene Arbeitnehmer und Führungskräfte schieben oft andere Begründungen für ihren Ausfall vor – aus Angst vor negativen Folgen, wie zum Beispiel dem Verlust des Arbeitsplatzes. Es muss ein Umdenken stattfinden!

Wen kann es treffen? Theoretisch sind alle Menschen gefährdet, die nicht auf die Signale des Körpers achten.

Vorwiegend trifft es einsatzbereite und engagierte Mitarbeiter, Führungskräfte und Selbstständige. Oft werden diese auch von Vorgesetzten geschätzt, von Kollegen bewundert, vielleicht auch beneidet. Solche Menschen sagen auch nie „nein"; deshalb wachsen die Aufgaben, und es stapeln sich die Arbeiten. Dazu kommt oft, dass sich Partner, Freunde und Kinder über zu wenig Zeit und Aufmerksamkeit beklagen. Wie Sie „Nein" sagen erlernen, erfahren Sie später.

Aus eigener Erfahrung kann ich sagen, dass der Weg zum Burn-out anfänglich mit kleinsten Hinweisen gepflastert ist, kaum merkbar, unauffällig, vernachlässigbar. Es bedarf einer hohen Achtsamkeit, um diese Signale des Körpers und der realisierenden Umwelt zu erkennen. Kleinigkeiten werden vergessen und vereinbarte Termine werden immer weniger eingehalten. Hobbys und Sport werden – wie bei mir geschehen – erheblich vernachlässigt. Auch mein Körper meldete sich Ende der neunziger Jahre mit leisen Botschaften: Schweißausbrüche, Herzrhythmusstörungen, schwerfällige Atmung und unruhiger Schlaf waren die Symptome, die anfänglich nicht von mir beachtet wurden.

Abschlusswort

Eigentlich ist Burn-out- oder Stressprävention für Handelsvertreter ganz einfach. Tipps gibt es überall und Zeit dazu auch. Sie, ja Sie, Sie müssen es einfach nur tun. Viel Spaß und Unterhaltung beim nun folgenden Beitrag von Steffen Becker.

Literatur

Buchenau P (2014) Der Anti-Stress-Trainer. Springer, Wiesbaden

2

Der Handelsvertreter im (Stress-) Dschungel

Ein beliebiger Montagmorgen im Frühjahr eines Jahres. Die vertretenden Unternehmen von mir, einem Handelsvertreter, haben Ihre Auftakttagungen rum, die ersten wichtigen Messen sind gelaufen und die Vorbereitung für diese Woche wurde am Wochenende gemacht.

Wieder einmal habe ich von den Kindern wesentlich weniger wahrgenommen, weniger mit ihnen erlebt, als ich ursprünglich wollte, weil die Vorbereitung für diese Woche und die Aufarbeitung der Post und der letzten Woche wesentlich länger gebraucht hat, als ich hoffte.

Es ist 06:45 Uhr an diesem Montagmorgen. Ich sitze seit zehn Minuten bereits im Auto. Es ist wichtig so zeitig wegzufahren. Nur zehn Minuten später losfahren bedeutet eine Verlängerung der Zeit bis ich auf der Autobahn bin von 15 min und damit wird der Zeitdruck wieder größer.

© Springer Fachmedien Wiesbaden GmbH 2017
S. Becker, *Der Anti-Stress-Trainer für Handelsvertreter,*
DOI 10.1007/978-3-658-12454-0_2

Nachfolgende Szenarien sind namentlich frei erfunden und dennoch wurden sie entweder von mir oder von Kollegen erlebt:

Wolfgang der Driver

Wolfgang ist im Außendienst tätig und fährt fast jeden Tag viele Kilometer. Viele hunderte Kilometer in der Woche und etliche tausende Kilometer pro Jahr sind es, in denen Wolfgang im Auto sitzt.

Wolfgang ist langsam echt genervt. Früher konnte er noch relativ gut fahren, doch heute ist er gefühlt nur mehr im Stau. Immer wieder diese unkalkulierbaren Fahrten. Und dann diese Baustellen. „Müssen die immer genau dann arbeiten, wenn ich die Strecke hier entlang fahre?", fragt er sich. Und überhaupt, es ist doch schon wieder Ferienzeit. Müssen die wirklich jetzt gerade diese Baustelle aufbauen? Er hat es doch schon so häufig erlebt, dass dann tagelang nichts passiert, niemand dort zu sehen ist, der wirklich arbeitet. Das ist echt nervig. Er besann sich auf seine Gespräche, die er in China geführt hatte; dort sind die Baustellen innerhalb einer Woche erledigt – so zumindest ist seine Wirklichkeit – und bei uns dauert es immer Jahre. Wolfgang ist nur genervt.

Anette die Empathische

Anette ist gerade beim Kundengespräch. Als Handelsvertreterin in der Baubranche hat sie immer wieder mit Händlern und Großverarbeitern geschäftlichen Kontakt. Ihre Unternehmen erwarten eine sehr hohe Dienstleistungsqualität. Daher ist Anette der Meinung, es sei besser, wenn Sie immer erreichbar ist, um auf eventuelle Dinge reagieren zu können. So kommt es, dass Sie bei einem großen Händler im Termin ist und darüber spricht, welche Maßnahmen anzugehen sind, als ein Anruf sie erreicht und der Kunde eines Großauftrages anruft und zu ihr sagt: „Anette, wo bleiben meine Türen? Ihr hattet gesagt, dass ihr sechs Wochen Lieferzeit braucht. Ich habe Druck und der Bauherr sitzt mir im Nacken. Und überhaupt die ersten Dinge, die ihr mir geliefert habt, haben eine schlechte Qualität. Das geht ja gar nicht. Ich will, dass Du Dir das sofort ansiehst und mir sagst, wie wir das beheben sollen. Ich erwarte, dass Du heute noch auf die Baustelle kommst".

„Na Klasse, die Baustelle ist 120 km weg und ich habe noch den Tag voller Termine hier", denkt sich Anette. „Was mache ich jetzt, auf der einen Seite ein Großkunde mit einem Großprojekt und auf der anderen Seite meine anderen Kunden und Interessenten", fragt sich Anette. Sie entscheidet sich für den Großkunden, und fährt nach dem Termin beim Händler los und ist tierisch genervt, dass sie die restlichen vier Termine am Tag nun alle wieder umlegen darf. „Ja, aber wann bin ich wieder einmal in der Region?", ist eine der Fragen, die sich Anette stellt. Und es ist totaler Stress, diese Terminverschiebungen wieder alle beim Autofahren erledigen zu müssen.

Fritz der Verzweifelte
Fritz ist als freiberuflicher Handelsvertreter im Verlagswesen für Printmedien tätig. Seit einiger Zeit kommt er mit dem ganzen Druck nicht klar. Einerseits muss er in einer absteigenden Branche ständig Zahlen, Zahlen und Zahlen liefern und sich ständig rechtfertigen, warum er so wenige Neukunden bzw. so wenige Aufträge akquiriert. Er ist fleißig und geht zur Akquise in fast jedes Geschäft. Außerdem ruft er jeden Gewerbetreibenden an, für den es Sinn machen könnte eine Annonce zu schalten.

Andererseits kommt noch, dass der Verdienst in den letzten Jahren dementsprechend auch immer geringer wurde, sodass es sich fast nicht mehr lohnt. Nicht nur, weil der Wettbewerb härter wurde, nein auch, weil immer mehr Aufgaben auf die Handelsvertreter übertragen werden, bei teilweise gleichzeitigen Kürzungen der Provision. Das ist für Fritz echt frustrierend. Er ist durch den Frust im Job, dem ständigen Druck der Firmen, mit denen er zusammenarbeitet und weniger Geld für mehr Aufwand nur noch gestresst!

So wie Wolfgang, Anette, Fritz und ich damals, fahren fast täglich Handelsvertreter große Strecken, beraten, informieren und erklären die neuesten Produkte auf dem Markt und führen Preisverhandlungen mit Interessenten. Oftmals erging es mir so, dass dies ein enormer Stress war. Eine Hetze von einem Termin zum nächsten, dazwischen vielleicht noch einmal etwas essen bevor beim nächsten Kunden Preisverhandlungen bezüglich eines Rahmenvertrages anstehen.

Der Stress, den Preisverhandlungen mit sich bringen, belastet Körper und Geist. Stress erfährt der Handelsvertreter auf seinen täglichen Reisen. Diese werden häufig mit dem PKW erledigt. Dadurch ist der Handelsvertreter einem Termindruck und damit der Unfallgefahr ausgesetzt.

Ist das ein Grund, warum Sie als Handelsvertreter ein erhöhtes Risiko haben, Ihren Beruf nicht bis zum Beginn des gesetzlichen Rentenalters ausführen zu können? Ich denke da gerade an einen Handelsvertreterkollegen, dessen Vater mit dem 65. Lebensjahr die Vertretung an den Sohn übergab und 2 Monate später plötzlich verstarb. Stress kann sehr extreme Auswirkungen haben und ich möchte mit diesem Buch Tipps geben, aus der Stressfalle herauszukommen, gesundheitlich besser das Leben zu gestalten.

Doch wie verhält sich das mit dem Stress überhaupt?

3

Stressvermeidung, so geht es!

Leistungsstark. Bleiben

Auf Ihnen als Handelsvertreter lastet eine besondere Verantwortung: Einerseits stehen Sie unter persönlichem Leistungsdruck. Andererseits werden von Ihnen gewisse Umsatzzahlen erwartet, die sich wiederum auf den Gesamtumsatz des Unternehmens auswirken. Sie sind demnach indirekt für die Arbeitsplatzsicherheit der Kollegen in den Unternehmen mitverantwortlich. Dieser Aspekt macht Sie nicht nur zu einem wertvollen Mitglied Ihres Teams, Sie sind zugleich Ihr eigener Erfolgsgarant und Messwert des Unternehmens, deren Produkte Sie vertreten, und das obwohl Sie in den Unternehmen nicht angestellt sind.

Doch was macht die Rolle des Handelsvertreters so besonders? Ihre Präsenz und Erreichbarkeit ist oftmals das gern zitierte „Zünglein an der Waage", ob ein Kunde

© Springer Fachmedien Wiesbaden GmbH 2017
S. Becker, *Der Anti-Stress-Trainer für Handelsvertreter*,
DOI 10.1007/978-3-658-12454-0_3

Vertrauen aufbaut und Produkt wie Verkäufer weiteremp-
fiehlt. Allerdings formiert sich diese dauerhafte Aktivität,
in der das Handy auch während Freizeitaktivitäten nicht
abgeschaltet wird, schnell zu einem ernsten Dilemma.
Verschwimmen Arbeitszeit und Privatleben, fehlen not-
wendige Erholungsphasen. Vielen Handelsvertretern fällt
es schwer, den Fokus auf die eigene Gesundheit zu legen.
Langfristiger Erfolg ist jedoch nur generierbar und zu
genießen, wenn es Ihnen selbst gut geht und die eigene
Gesundheit stimmt.

Damit Sie Ihre Leistungsstärke behalten oder ver-
stärken, habe ich Ihnen drei Rubriken mit Tipps und
Informationen zusammengestellt, damit Sie in Zukunft
möglichst wenig mit Stress in Berührung kommen. Die
Rubriken sind:

- Selbstmanagement,
- Zeitmanagement und
- allgemeine Tipps.

4

Schlüsselqualifikation Selbstmanagement

Kennen auch Sie Geschichten von Menschen, die darüber berichten, wie schnell sie sich für oder gegen eine
bestimmte Handlungsweise entschieden haben? Zum Beispiel: „Ich habe von jetzt auf gleich entschieden: So geht's
nicht mehr weiter, mich im Fitnessstudio angemeldet und
seitdem bin ich dabei!" – „Das sind Ausnahmen!", sagen
Sie? Stimmt. Besonders, wenn solche Festlegungen kurzfristig getroffen und langfristig umgesetzt werden. In einem
Großteil der „Jetzt mach ich es"-Fälle sind diese Spontanlö-
sungen mit den Neujahrsvorsätzen gleichzustellen.

Was müsste jedoch passieren, damit Sie sagen: „Ab
sofort lebe ich stressfrei!"? Ist ein dramatisches Ereignis
notwendig, um eine Entscheidung zu treffen, die sich
nachhaltig auf die eigene Gesundheit auswirkt? Zwingend
wohl kaum. Phasen starker Belastung gehören zu Ihrem
Berufsprofil. Sie sind regelmäßig einem breiten Spektrum

© Springer Fachmedien Wiesbaden GmbH 2017
S. Becker, *Der Anti-Stress-Trainer für Handelsvertreter,*
DOI 10.1007/978-3-658-12454-0_4

an zu lösenden Aufgaben ausgesetzt, deren Ignoranz weitreichende Folgen haben können. Ein besonderer Punkt ist hierbei eine Aufgabe, die zwar nicht als Profilbestandteil Ihrer Position bewertet wird oder im Handelsvertretervertrag Erwähnung findet. Dennoch entscheidet sie darüber, ob Sie im Vertrieb erfolgreich sind: das Abfedern fremder Emotionen. Jedes Mal, wenn Sie mit jemandem sprechen, wird sich Ihr Gegenüber Ihnen mit den Emotionen präsentieren, die er gerade hat. Im besten Fall – und das wird wohl die Regel sein – sind diese positiv. Allerdings gibt es Ausnahmen. Diese zu erfassen, auszuhalten und darauf zu reagieren, ist eine Kunst, die besondere emotionale Sicherheit erfordert. Hinzu kommen die „Klassiker": Zeitdruck, Ergebnisforderungen und Arbeitsverdichtung, weil auch die zu vertretenden Unternehmen ihre ursprüngliche Arbeit mehr und mehr auf die Handelsvertreter übertragen. Das Ausbalancieren des neudeutsch als „Work-Life-Balance" bezeichneten Zustandes, Arbeitszeit und Freizeit miteinander in Einklang zu bringen, ist ein nobles Ziel. Es obliegt jedem selbst zu bestimmen, wie das Verhältnis gewählt ist. Wichtig ist der Weg zum Einklang, der über folgende Tipps begehbar ist.

4.1   Der Gedanke als Stressauslöser

Haben Sie sich schon einmal die Frage gestellt, wie Entscheidungsprozesse bei uns Menschen ablaufen und was das für Konsequenzen hat?

Ich möchte Ihnen den Ablauf anhand der Abbildung Abb. 4.1 verdeutlichen. Entstanden ist diese Abbildung

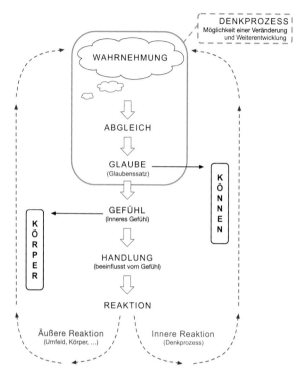

Abb. 4.1 Denk- und Steuerungsmodell nach Eric Adler um eigene Meinungen ergänzt. (Eigene Darstellung)

durch das Denk- bzw. Steuerungsmodell von Eric Adler, welches um meine eigene Meinung ergänzt wurde (Adler 2012).

Das Modell zeigt auf, dass wir unsere Welt durch unsere fünf Sinne wahrnehmen. Bis zu diesem Zeitpunkt ist alles noch eine neutrale Situation. Erst durch den Abgleich mit unseren Glaubenssätzen kommt innerlich eine Bewertung hinzu. Das führt dann zu einem Gefühl, was sich danach in unseren Handlungen ausdrückt, worauf wir eine Reaktion bekommen. Dies ist einmal vereinfacht dargestellt der

Ablauf von Denkmustern. Das bedeutet, die Erfahrungen, die wir haben, führen zu der bereits bekannten selbsterfüllenden Prophezeiung. Was heißt das jetzt für Sie? Sie entscheiden, zugegebenermaßen meistens gewohnheitsmäßig unbewusst, aufgrund unserer bisherigen selbst gemachten oder übermittelten Erfahrung, ob Sie das, was Sie erfahren als Eu-Stress oder Di-Stress empfinden. Dies klang ja bereits im vorangegangenen Kapitel an.

Auch geht aus dieser Abbildung hervor, dass diese Gefühle einen erheblichen Einfluss auf den Körper haben. Belasten Sie den Körper mit negativen Emotionen oder verabreichen Sie ihm schöne Momente, eben den Eu-Stress? Sie entscheiden!

Wenn Sie sich mal wieder in einer solch stressigen Situation ertappen, es sich bewusst machen, was gerade um Sie herum passiert, dann empfehle ich Ihnen gleich die nachfolgenden Fragen im Abschnitt Akzeptanz und Achtsamkeit Abschn. 4.5 hier zu beantworten. Damit sollten Sie dann die augenblickliche Situation besser meistern können.

Für Ausgleich sorgen

Dem Thema Stress werden vornehmlich zwei Substantive entgegengesetzt: Ausgleich und Entspannung. Allerdings ist diese Kopplung nicht ganz korrekt. Nicht jeder empfindet Stress gleich. Ebenso ist nicht jeder der gleichen Stressursache ausgesetzt. Während Handwerker vornehmlich körperliche Belastung erfahren, müssen Handelsvertreter mit emotionalem wie sozialem Druck umgehen. Sie sprechen jeden Tag mit einer Vielzahl an Personen, gehen auf deren Befindlichkeiten ein und müssen ebenso kreativ wie analytisch agieren. Ein Kraftakt. Damit Sie nicht ausbrennen, ist es umso wichtiger, den richtigen(!) Ausgleich zu finden. Sie leiden unter Zeitdruck und empfinden es als unsagbar stressig, sich in engen Zeitfenstern bewegen zu müssen? – Suchen Sie sich eine Tätigkeit, in der „Zeit haben" besonders relevant ist. Massagen, Wellness oder Wandern sind hierbei empfehlenswert. Ich für meinen Teil bin ein leidenschaftlicher Golfer und dies ist mein Teil des Ausgleiches. Sind es strukturierte, analytische Tätigkeiten, die Ihnen langfristig die Kraft rauben? – Üben Sie sich in kreativen Beschäftigungen.

Das Geheimnis des optimalen Ausgleichs liegt nicht unbedingt im Nichtstun begründet, sondern in individuellem Müßiggang, dem Nachgehen der eigenen Muße, der Freude an etwas, was einem selbst Spaß macht. Selbstverständlich kann es auch mal das Nichtstun sein, wenn es bei dem Mal bleibt und keine feste Größe in Ihrem Leben bleibt. Was heißt das für Sie konkret? Nehmen Sie sich wirklich aktiv die Zeit um diese Tätigkeiten, die Ihnen Spaß machen, auszuüben? Dies ist Entspannung für die Seele und das Gemüt. Planen Sie es sich in Ihren Kalender ein, so als ob es ein geschäftlicher Termin ist – ganz gleich ob es der Sport, das gemeinsame Essen mit der Familie oder Freunde ist.

4.2 Motivation

Ich schaffe das! – Warum Motivation ein wichtiger Baustein gegen Stress ist

Motivierte Mitmenschen sind etwas, das jeder gern sieht. Man steht ihnen gegenüber, sie lächeln, versprühen eine gewisse Wärme und wirken auf Anhieb sympathisch. In Bezug auf ein Unternehmen sind motivierte Mitarbeiter der Wunsch eines jeden Vorgesetzten. Sie arbeiten nicht nur gerne, sondern sie sind offen für frische Ideen, fördern ein positives Miteinander und somit auch die Gesundheit aller. Und wie ist es bei Ihnen? Sind Sie noch motiviert, unabhängig davon ob Sie Einzelkämpfer sind, oder doch schon bereits ein kleines Team aufgebaut haben? Denn die beste Motivation die Sie haben können, ist die intrinsische Motivation, also die Motivation, die von Innen kommt.

Mangelt es hingegen an Motivation, sind Abwärtstrends in Sachen Kreativität und Leistung vorprogrammiert. Dadurch bauen sich Druck und Unlust auf, die schlussendlich zu Stress führen. Ein Teufelskreis beginnt und endet nicht selten mit gesundheitlichen Fehlbelastungen. Doch wie soll Motivation dauerhaft gefördert werden, wenn Umsatzzahlen und Statistiken das Leistungspensum eines jeden einzelnen bestimmen und man immer mehr Projekte in immer weniger Zeit realisieren soll? Tatsächlich motivierende Momente wie positives Feedback oder ein schlichtes „Danke!" bleiben häufig unausgesprochen, da sie als zeitraubende Stressoren wahrgenommen werden. Um die Freude an der Arbeit nicht zu verlieren, sind Empathie, Achtsamkeit und bewusstes Agieren im Umgang mit sich selbst und seinem Umfeld wichtige Indikatoren. Die Fähigkeit, sich regelmäßig für etwas zu motivieren und bestenfalls zu begeistern, liegt nicht nur darin begründet, einem Ziel nachzujagen. Eher rückt der Weg zum Ziel in den Fokus, da dessen Beschreiten dafür verantwortlich ist, ob man bereit ist, ein Ziel zu verfolgen oder aufgrund einer bevorstehenden Anstrengung lieber aufgibt. Also fragen wir uns: Ist mein Ziel es wert, dass ich mich dafür aufraffe?

An dieser Stelle habe ich einen Tipp für Sie, wie Sie es immer wieder schaffen sich routinemäßig mit den positiven Aspekten unseres Handelns zu beschäftigen. Sehen sie sich bitte die Arbeitsblätter Abb. 4.2 und 4.3 an.

Es handelt sich bei dem Arbeitsblatt um einen Formularvorschlag für Ihre Tagesplanung. Ich nehme an, dass Sie spätestens zu Beginn eines Jahres festgelegt haben, welche Ziele Sie für dieses Jahr verfolgen, was Sie in diesem Jahr erreichen wollen.

NEIN? Oha, da hätten wir dann bereits eine der ersten Ansatzmöglichkeiten. Ich bitte Sie, dies in Zukunft immer spätestens zwischen dem Jahreswechsel zu tun. Welche Ergebnisse erwarten Sie, wenn Sie das Ziel noch nicht schriftlich niedergeschrieben haben, jedoch dazu später mehr. Haben Sie diese Zielplanung gemacht, dann ist das sehr gut.

Dazu schon einmal eine Anmerkung. Ich empfehle meinen Klienten vier Ziele als Versprechen an sich selbst pro Jahr aufzuschreiben und zwar sowohl berufliche als auch private. Warum Versprechen? Nun ja, ich habe den Eindruck, dass eine Selbstverpflichtung oder ein Versprechen, was ich abgebe, stärker als Ziele sind. Falls für Sie das Thema Ziele ausreichend ist, auch gut. Auf das Thema Zielsetzung gehe ich später nochmals ein. Auf diesen beiden Seiten des Tagesplanungsblattes tragen Sie bitte auf der ersten Seite jeden Tag handschriftlich viermal Ihre Jahresziele ein. Lesen Sie bitte für sich die dazwischenliegenden Affirmationen laut vor. Da Sie Ihre Ziele gesetzt haben, ist das eine Aufgabe, die keine drei Minuten dauert und dennoch einen großen Effekt hat.

MEIN VERSPRECHEN AN MICH:

Wie viele von Ihnen haben sich Ziele gesetzt und doch mehr nicht erreicht als gedacht?
Wie viele von Ihnen wünschen sich mehr Ziele zu erreichen als nicht zu erreichen?
Ein Versprechen zu machen ist mächtiger als sich Ziele zu setzen. Schreiben Sie bitte
Ihre Jahresversprechen hier auf - genau 4 mal hintereinander!

Jahresversprechen
Beruf 1
Beruf 2
Privat 1
Privat 2

> **ICH bin stark**
> **ICH bin gut so wie ich bin**
> **ICH tue was ich liebe und liebe was ich tue!**

Jahresversprechen
Beruf 1
Beruf 2
Privat 1
Privat 2

> **ICH mache alles zu 100%**
> **ICH begeistere andere**
> **ICH inspiriere andere**

Jahresversprechen
Beruf 1
Beruf 2
Privat 1
Privat 2

> **ICH gebe immer 100%**
> **ICH bin ein Gewinner**
> **ICH liebe mich und mein Leben!**

Jahresversprechen
Beruf 1
Beruf 2
Privat 1
Privat 2

www.steffenbecker.com

Abb. 4.2 Affirmation. (Eigene Darstellung)

MEIN TAGESPLAN

Datum:

Mein Tagesversprechen an mich: heute am

Jahresversprechen	heutiges Ziel aus Versprechen:	✓
Beruf 1		
Beruf 2		
Privat 1		
Privat 2		

	00 05 10 15 20 25 30 35 40 45 50 55
08	
09	
10	
11	
12	
13	
14	
15	
16	
17	
18	
19	
20	

Kontakte	✆ ✓	Aufgaben	Priorit.	Zeitbed.

B	Besprechungen	U	Unterbrechung
T	Telefonieren	P	Pause
E	eMail	F	Fahrtzeit
A	Akquise	S	Sport/Ffitness
		Z	zur Verfügung

Ideen:

www.steffenbecker.com

Abb. 4.3   Tagesplan

Auf der Rückseite der Tagesplanung tragen Sie bitte ebenfalls jeden Tag ein, welche vier Ziele Sie sich für dieses Jahr vorgenommen haben. Jeden Tag füllen Sie dadurch, am besten per Hand, schriftlich Ihre Ziele oder Versprechen an sich selbst aus und legen dabei zusätzlich für diesen einen heutigen Tag fest, was Sie wirklich ganz konkret heute unternehmen, um mindestens einem Ihrer Ziele näher zu kommen.

Unter www.steffenbecker.com/de/downloads/Tagesplanung lege ich Ihnen dieses Formular bei. Es ist so aufgebaut, dass Sie es entweder online ausfüllen können oder sich die Informationen per Hand eintragen.

Warum ich Ihnen das empfehle? Wie ich bereits geschrieben habe, werden wir zum großen Teil über unser Unterbewusstsein gesteuert. Unser heutiges Ich ist entstanden aus einer Vielzahl von Glaubenssätzen und Wiederholungen. Wenn Sie diese Übung umsetzen und ich kann mir vorstellen, dass es vielleicht die wichtigste Übung in diesem Buch ist, dann werden Sie jedes Ihrer Ziele und Versprechen über 1800 Mal innerhalb eines Jahres niedergeschrieben haben. Sie werden sehen, dass im Laufe eines Jahres erstaunliches passieren wird, wenn Sie hier dranbleiben. „Schlimmstenfalls" erreichen oder übertreffen Sie Ihre eigenen Ziele, weil sie Ihren Fokus geschärft haben.

Müssen war gestern

„Ich muss noch einkaufen!", „Ich muss noch Wäsche waschen!", „Ich muss morgen wieder arbeiten!", „Ich muss noch einen Kunden anrufen!" … – Die Frage nach dem Wollen stellt sich in vielen Bereichen des Lebens nicht.

Aber warum? Ein Großteil unseres Alltags besteht aus Handlungen, die wir als Notwendigkeit betrachten und diese daher mit dem Wort „müssen" klassifizieren. So arten Einkäufe im Supermarkt des Vertrauens häufig in ein „Durchhetzen nach der Arbeit" aus, obwohl es auch ein angenehmes Erkunden einer entsprechend großen Produktauswahl sein könnte. Ähnlich verhält es sich mit Terminen für Verkaufsgespräche, Reklamationen oder Lieferzeiten bei Geschäftspartnern und Kunden. Je nach Priorisierung und Sympathie werden Meetings, Vertrags- und Verkaufsgespräche als wichtig oder eilig eingestuft und unbewusst mit einem bestimmten Stresspegel verknüpft. Das kann auf Dauer demotivierend wirken und die Lust wie auch den Spaß an der Arbeit hemmen. Um zu verstehen, weshalb das eigene Denken einen ausgesprochen wichtigen Part innerhalb des Motivationsprozesses einnimmt, schauen wir uns an, wie Motivation definiert ist:

> Motivation stellt darauf ab, wie ein bestimmtes leistungsorientiertes Verhalten aktiviert und beibehalten werden kann. In Betracht kommen äußere Anreize (Lob, Prämien, Entgelt, Beförderung), die zur extrinsischen Motivation führen (können). Daneben steht die wirkungsvollere intrinsische Motivation (durch Freude an der Arbeit selbst, durch Erfolgserlebnisse usw.), die allerdings nur über attraktive und herausfordernde Arbeitsinhalte stimuliert werden kann (Arbeitsethos) (Wirtschaftslexikon 2015).

Kurzum: Es geht um die Bereitschaft, eine Handlung (Arbeit) auszuführen, an Zielen oder Versprechungen gemessene Leistungen zu erbringen und damit einhergehend Verantwortung zu übernehmen. Katalysatoren hierfür sind Anreize, die von außen wie von innen kommen können.

Stimmen Anreiz und Erwartungshaltung bzgl. des Anreizes sowie die Bereitschaft, für diesen zu agieren nicht überein, sinkt die Motivation. Bleibt ferner die Pflicht erhalten, auch ohne genügend Anreiz arbeiten zu „müssen", steigt der Stresspegel unausweichlich. Die Folgen können verschieden sein: Von Belastungserscheinungen bis hin zum „Dienst nach Vorschrift" als Vermeidungstaktik sind alle Varianten denkbar. Was also tun, um sich selbst zu motivieren und den berühmten „Funken" auch auf andere überspringen zu lassen?

4.2.1 Sinn stiften

„Warum?" gilt als die wichtigste Frage der Motivationsfindung, -steigerung und -stabilisierung. Der Vertrieb bestimmter Handelswaren und Dienstleistungen entstammt der gleichen Frage. Es stellt sich also für Sie die Frage: Wieso tun Sie das, was Sie tun? Tun Sie es, weil Sie es „müssen" oder wirklich auch wollen? – Sammeln Sie Gründe, die Ihnen diese Frage beantworten. Scheuen Sie dabei nicht, Antworten wie „Geld", „Absicherung" und „Ich mach das für meine Kinder." hervorzubringen. Aufgaben, die als Sinnzusammenhang wahrgenommen werden und einem großen Ganzen zugutekommen, sind leichter zu erledigen als jene, bezüglich derer sich der Sinn entzieht.

4.2.2 Regelmäßige Reflexion: Wie motiviert bin ich?

Vermutlich kennen Sie das Sprichwort „Man muss selbst brennen, um ein Feuer zu entfachen!". Eben dieses Prinzip wird im Vertrieb besonders deutlich. Trifft ein Kunde auf ein warmherziges, sympathisches, motiviertes Gegenüber, wird er sich an Sie erinnern. Versprüht man hingegen Unausgeglichenheit und Demotivation, wird sich das zwangsweise auch auf den Kunden übertragen. Die Frage nach der Eigenmotivation kann behilflich sein, besonders in stressigen Situationen darüber nachzudenken, weshalb man in dem Moment besonders gut oder eben weniger angenehm gelaunt ist.

4.2.3 Lernen von den Besten

Wie motiviert sind Ihre Kollegen? – Haben Sie Kollegen, die wirklich motiviert sind oder es nur vorgeben zu sein? Ist es dann so, dass diese motivierten Kollegen auch meistens im umsatztechnisch vorderen Bereich zu finden sind?

Was können Sie von diesen Kollegen lernen? Fragen Sie sie doch, was sie vom lebenslangen Lernen halten. Auch falls Sie als Einzelkämpfer in einem Gebiet unterwegs sind, sind Sie ein Team mit Ihren Vertreterkollegen. Arbeiten Sie langjährig als Handelsvertreter für ein Unternehmen, kontaktieren Sie entsprechend häufig Disponenten, Vertriebsmitarbeiter, die Buchhaltung und eventuell auch andere Außendienstmitarbeiter. Sobald Sie sich das nächste Mal mit diesen Personen unterhalten, achten Sie einmal auf deren Sprache! Ist diese bildhaft, angenehm und wirkt positiv? – Dann sagen Sie es dem anderen und erfragen sein/ihr Geheimnis für erfolgreiche Selbstmotivation. Nach dem Motto: „Wie machst Du das?". Von den Besten zu lernen, heißt nicht, nach einem Weltmeister oder einem Spezialisten suchen. Jeder, der etwas an sich hat und etwas beherrscht, was Sie interessiert, kann ein Lehrer oder besser Mentor sein.

4.2.4 Be SMART!

Ziele klar zu formulieren, ist eine Grundlage für jede Form von Erfolg. Darüber hinaus auch für die eigene Motivation. Weiß man, welches Ziel man aus bestimmten Gründen erreichen möchte, lässt sich der Weg zum Erfolg planen und entsprechend realisieren.

Daher gilt:

S = Spezifisch
M = Messbar
A = Attraktiv
R = Realistisch
T = Terminiert

Klären Sie mit Ihrem Auftraggeber, Ihren Partnern (also Ehe- und Geschäftspartner) und vor allem mit sich selbst, wie Sie erfolgreich werden möchten und auch was der Preis ist, den Sie dafür bezahlen wollen. Als Preis ist eventuell weniger Zeit mit der Familie denkbar. Es könnte jedoch auch genauso gut sein, dass Geld nur als ein Mittel zum Überlebenszweck dient, als Mittel um andere Dinge des täglichen Lebens wie die Familie oder Hobbys noch besser genießen zu können. Sie entscheiden und geben die Richtung und das Ziel vor.

Durch die spezifische Angabe eines Ziels kann Ihnen konkret geholfen werden. Angenommen, Sie benötigen zur Erfolgsgenerierung einen bestimmten Kontakt. Diesen zu vermitteln ist nur möglich, wenn Sie exakt definieren, wen Sie suchen. Dahin gehend sollte das Ergebnis messbar und von allen akzeptiert sein, die damit in Verbindung stehen. Setzen Sie eindeutige Zeitrahmen und seien Sie realistisch, was die Ziele betrifft. Niemand verbietet Ihnen zu träumen. Allerdings erreicht man auch scheinbar Unmögliches nur, wenn man die richtigen Schritte setzt. Das Setzen von Zielen hört sich sehr leicht an. Nur, wenn wir uns heute die Begrifflichkeiten und die Zielsetzungsprozesse ansehen, dann behaupte ich sind fast 2/3 keine Ziele, sondern mehr Absichtserklärungen. Einen richtigen Zielsetzungsprozess festzulegen und mit den entsprechenden Handlungsschritten zu untersetzen, ist etwas, was nicht in zehn Minuten gemacht wird. Einige wichtige Aspekte spielen dabei eine Rolle, die fast immer übersehen werden. Angefangen bei der wirklich messbaren Größe, also wirklich der Größe, die messbar ist. Peter Drucker, ein US-amerikanischer Ökonom mit österreichischer Herkunft sagte so trefflich: „If you can't measure it, you can't manage it!"

Was fast immer vergessen wird, sind jedoch zwei andere Dinge. Lohnt das Ziel die Aufwendungen für mich und zwar nur für mich? Wenn Sie diese Antwort nicht mit einem eindeutigen Ja beantworten können und dahinterstehen, ist die Wahrscheinlichkeit das Ziel zu erreichen deutlich geringer. Warum sollten Sie sich für etwas engagieren, was Sie selbst nicht wirklich wollen oder für vorstellbar halten? Also kurz gesagt, unterstützt das Ziel Ihre eigenen Wertvorstellungen? Erinnern Sie sich an Abschn. 4.2.1, in dem ich den Begriff Sinn stiften kurz angerissen habe? Wir wollen alle einen Sinn haben in dem was wir tun, sonst werden wir krank, stumpfen ab.

Ein anderer Punkt, der bei dem Zielerreichungsprozess von Bedeutung ist, ist die Tatsache, ob Sie sich auch mit den möglichen Hürden beschäftigt haben. Welche Steine könnten Ihnen in den Weg gerollt werden und wie wollen Sie darauf reagieren. Die Erfahrung hat gezeigt, wenn ich mir früher Gedanken über Hürden mache inklusive ein bis zwei Lösungsoptionen, dann kommen diese Probleme weniger häufig vor und wenn, dann habe ich den Alternativplan in der Tasche. Ich habe mir daher erlaubt Ihnen mal ein Zielplanungsblatt Abb. 4.4, welches ich verwende, beizulegen.

Sie können es sich auch herunterladen unter: www.steffenbecker.com/de/downloads/Zielerreichungsplan.

4.2.5 Wertschätzen, anerkennen, würdigen

Wahrnehmung ist die Grundlage der Wertschätzung und findet sich in kleinen Gesten und Worten. „Bitte", „Danke", „Guten Morgen!" und „Sehr gut!" sind hierbei wohl die Wichtigsten. Elementar, meinen Sie? Dann achten Sie darauf, dies zu bewahren! Sie sind wertvoll, da ihre Wirkung weit über den Aspekt der Höflichkeit hinausreicht. Diese Worte können eine kurze Bekanntschaft

Mein Zielerreichungsplan

Heutiges Datum:	geplanter Abschlusstermin:	Ziel erreicht am:

Ziel (spezifisch, meßbar, attraktiv, realistisch, terminiert)

....
....
....
....

WHID (Was habe ich davon - welcher Nutzen oder abgewendete Schaden habe ich davon?)

....
....
....
....

Spezifische Aktionsschritte zur Zielerreichung	Wer	Termin	überprüft am:	erledigt am:
1.				
2.				
3.				
4.				
5.				
6.				
7.				
8.				
9.				
10.				
11.				
12.				

www.steffenbecker.com

Abb. 4.4 Zielerreichungsplan, Grundlage ist LMI EPP Kurs Arbeitsblatt Zielplanung, welches durch eigene Meinungen überarbeitet wurde

in ein angenehmes Gespräch verwandeln. Sie zeigen Menschen, dass andere auf sie aufmerksam geworden sind. Sie zeigen ein gesellschaftlich gewünschtes Miteinander auf, und jedes Mal wenn Sie so wertschätzend sind, verteilen Sie ein ganz kleines bisschen ein Lob. Das motiviert, weiterhin so zu sein, wie man ist oder sich entsprechend zu ändern, um sich selbst mehr Anerkennung zu verdienen. Anerkennung ist für Menschen einer der wichtigsten Bestandteile Ihres Seins und Tuns. Weiterhin sind die, die regelmäßig Wertschätzung erfahren, auch bereit, diese zu teilen und somit andere zu motivieren.

4.2.6 Stärken stärken

Führungskräften wird empfohlen, Mitarbeiter ihren Stärken entsprechend einzusetzen, da Fähigkeiten leichter zu entwickeln sind als (vermeintliche) Fehler oder Schwächen zu korrigieren. Ähnlich ist es auch im Außendienst. Wie ist es denn bei Ihnen als Handelsvertreter. Dem einen liegen Fachvorführungen bestimmter Geräte mehr als die Kaltakquise. Entsprechend wird er hierbei mehr Erfolg haben und aufgrund dessen sowie dem Vergnügen, das ihm eine derartige Vorführung bereitet, dieser mit mehr Freude begegnen. Wieso also nicht daran arbeiten und noch besser werden? – Da der Weg zum Ziel ebenso wichtig ist wie das Erreichen des Ziels selbst, sollte der Weg auch als motivierender Bestandteil der Arbeit wahrgenommen werden. Investieren Sie daher in Ihre Stärken und werden Sie darin besser. Sobald Sie hierin ein bestimmtes Maß erreicht haben, wird es Ihnen umso leichter fallen, auch die

Themen anzugehen, die Ihnen (noch) nicht liegen. Wenn Sie dann noch überlegen wie Sie Ihre Stärken zum Wohle aller einsetzen, werden Sie auch Ihren Weg finden als Handelsvertreter erfolgreicher zu sein und auch zu bleiben. Und die Schwächen? Wie später beschrieben wird, sollten Sie die Arbeit, die Ihnen nicht liegt, die jedoch gemacht werden soll von jemand anderem, auch außerhalb Ihrer Vertretung, delegieren und dort durchführen lassen.

4.2.7 Nicht mehr müssen müssen

Wir sprachen es bereits an: Müssen mindert Motivation. Dazu eine Aufgabe für Sie: Nehmen Sie sich ein Stück Papier und schreiben Sie das Wort „müssen" darauf. – Bitte lesen Sie erst weiter, wenn Sie es getan haben. …

Nun streichen Sie das Wort durch! …

So, wie Sie eben das Verb strichen, achten Sie folgend (die nächsten fünf Tage) aktiv auf Ihre Sprache. Unsere Sprache ist ein wichtiges Indiz dafür wie es uns geht und in welchem emotionalen Zustand wir uns befinden. Frei nach dem Prinzip: Ich sage was ich denke und ich denke was ich sage zeigt es uns auf wo wir emotional stehen. Jedes Mal, wenn Sie in den kommenden Tagen das Wort „müssen" verwenden, setzen Sie einen kleinen Strich neben das eben durchgestrichene. Sie werden überrascht sein, wie häufig Sie es am Tag benutzen. Nun nehmen Sie sich vor, morgen weniger zu müssen und stattdessen zu „möchten". Zum Beispiel: „Ich möchte heute noch einkaufen gehen." Es wird Ihnen gelingen. Im Laufe einiger Tage verschwindet in einigen Punkten der Druck.

Stattdessen werden Sie sich bewusst, worin Ihre Motivation etwas zu tun oder zu unterlassen, begründet liegt.

4.2.8 Eigenlob stinkt nicht

„Bescheidenheit ist eine Zier!", heißt es im Volksmund. Allerdings hat der Volksmund wenig mit Vertrieb zu tun. Als Handelsvertreter werden Sie regelmäßig nach Alleinstellungsmerkmalen, Besonderheiten und effektivem Nutzen gefragt; von den Vorteilswünschen des Kunden gegenüber Mitbewerbern ganz zu schweigen. Sie sind demnach (nahezu) gezwungen, Eigenlob als strategisches Mittel zu nutzen. Doch was ist mit Ihnen? Loben Sie sich selbst für Ihren Erfolg? Eine Methode, sich über seine Tätigkeit bewusst zu werden, ist eine mit Lob abgeschlossene Reflexion. Setzen Sie sich dazu nach einem Termin in Ihr Auto und überdenken Sie kurz das Geschehene. Haben Sie sich gut gefühlt? Was war erfolgreich? Was möchten Sie besser machen? Behalten Sie im Blick, was positiv war und loben Sie sich kurz selbst dafür! Es ist der einfachste Weg, Anerkennung zu erhalten und darüber hinaus eine hoch effektive Methode, besser in seiner Arbeitstätigkeit zu werden.

4.3 Arbeits-Ent-Dichtung

Höher. Schneller. Aber nicht weiter
Sicherlich ist Ihnen der Werbespruch des Medienkonzerns AOL, „Sie haben Post!", noch im Ohr. Sofern nicht,

erinnern Sie sich bitte an die späten 90er Jahre, als Boris Becker regelmäßig für Werbezwecke gebucht wurde und sich leicht verwirrt zur Kamera wendend fragte: „Bin ich schon drin?!". 1998 war dieser Satz durchaus berechtigt. So war eine Anbindung ans Internet gleichermaßen modern wie „noch nicht gewöhnlich". Von einem Standard möchte man nicht sprechen. 18 Jahre später hat sich dieser Umstand gewandet. Eine mobile und vor allem dauerhafte Erreichbarkeit eröffnet gleichermaßen Freiheit wie auch den Zwang, erreichbar sein zu müssen. Arbeitsschluss und Wochenende werden mehr und mehr in neue Dimensionen gedrängt, da sich in vielen Bereichen des täglichen Arbeitens flexible Arbeitszeiten durchgesetzt haben. Das bedeutet einerseits, dass jeder zu jeder Zeit arbeiten darf und nicht mehr an Kernzeiten gebunden ist[1]. Andererseits ist auch die Erreichbarkeit einer neuen Form der Flexibilität unterworfen: Andere Personen stellen sich darauf ein, dass Sie immer und überall erreichbar sind bzw. sein können, wodurch Ruhephasen scheinbar schwerer zu definieren sind. Diese Kommunikationskultur, in der eine ständige Erreichbarkeit als Fleiß (fehl)interpretiert wird, fördert ferner auch die Zunahme der Arbeiten, die zu erledigen sind. Aufgaben werden nicht nur im zeitlichen Rahmen zwischen 8.00 Uhr und 16.00 Uhr gestellt. Sie erreichen uns dank E-Mail und Co. auch 03.00 Uhr nachts, am Sonntag oder am Samstag kurz nach der Vesper. Das Bewältigen einer unaufhörlichen Aufgabenflut kann zum Stressor werden, wird

---

[1](…) sofern Auftraggeber und Kunden dies für angemessen halten.

ihm nicht entgegengewirkt. Chronischer Stress, in diesem Fall durch zu viele ständig neue Aufgabenstellungen, die Anforderung, diese zu koordinieren, zu lösen und entsprechenden Umsatz zu generieren, wirkt langfristig gesundheitsschädigend. Das Abwehren einer gesundheitsschädigenden Aufgabenverdichtung ist nicht nur Aufgabe des Führungsteams eines Unternehmens. Es liegt ebenso an jedem selbst, individuelle Lösungen zu finden, egal ob Sie Einzelkämpfer sind oder Mitarbeiter haben.

Schöne neue Arbeitswelt

Globalisierung bedeutet nicht nur, dass Unternehmen international agieren und Wirtschaftsgüter weltweit gehandelt werden. Globalisierung bedeutet auch, dass die Kommunikation neue Grenzen erfährt. Mit dem Internet und dem Zugang für jeden hat die Globalisierung auch die Privathaushalte erreicht und sich als Standard der zwischenmenschlichen Kommunikation etabliert. Doch was bedeutet das? – Das Internet sowie die mobile Telefonkommunikation sind Teil einer sehr jungen Kommunikationskultur. Diese vermittelt, dass Aktionen wie Reaktionen nicht nur innerhalb kurzer Zeit übermittelt werden können. Menschen sind angehalten, sich der inoffiziell vermittelten Schnelligkeit anzupassen und nicht nur zu jeder Zeit, sondern auch an allen Orten erreichbar zu sein und zu reagieren. Ein Beispiel: Sie sind als freier Handelsvertreter in Berlin unterwegs. Ihr Partnerunternehmen sitzt in Stuttgart. Während Sie mittags 13.00 Uhr im Auto sitzen, erreicht Sie ein Anruf aus der Zentrale. Sie nehmen den Anruf entgegen und sagen: „Ich sitze gerade im Auto. Ich rufe zurück." Die Absurdität der Handlung, wenngleich sie keine seltene ist, besteht darin, dass ein Anruf auf einem Festnetzapparat gar nicht erst entgegengenommen wird, wenn man nicht erreichbar sein möchte. Das Klingeln entspricht zwar in beiden Fällen einem Gesprächsangebot. Allerdings ist es das Abnehmen, das suggeriert, man möchte das Angebot auch annehmen. Doch was passiert am Handy? Das Gespräch wird angenommen und zeitgleich als nicht durchführbar deklariert. Dies führt zu einem Aufschub eines Gesprächs, dessen Koordination nun nicht mehr in den Händen des Anrufers liegt, sondern in der der Person, die versprach, zurückzurufen.

Die Erwartungshaltung von Menschen hat sich gewandelt und damit auch Ihr Druck zurückzurufen. Wenn dann noch ein zweiter Anruf gerade reinkommt, was bei Ihnen als Handelsvertreter häufiger vorkommen wird, dann ist das Chaos vielleicht schon auf dem Vormarsch. Das Wissen um den Einsatz eines Mobiltelefons bei einem potenziellen Gesprächspartner impliziert dessen Erreichbarkeit. Diese Form moderner Flexibilität ist eine Eigenschaft, die Arbeitgeber und Kunden von Mitarbeitern und Dienstleistern erwarten. Sie ist zu einem Bestandteil jener „Belastbarkeit" geworden, die in Bewerbungsschreiben propagiert wird. Ich für mich habe das ausprobiert und empfand das sogenannte Makeln der Telefonanrufe als unglaublich anstrengend. Selbst wenn ich am Ende eines Telefonates war und der neue Anruf kam rein, habe ich bemerkt wie die Gedanken durch den Kopf geschossen sind: „Habe ich Zeit anständig den Anruf zu beenden, oder sollte ich den neuen gleich annehmen und das bisherige Telefonat schnell und vielleicht abrupt beenden?"

Um diesem Thema vorzubeugen empfehle ich das Thema Makeln am Handy auszuschalten. Nacheinander ist besser und darüber hinaus signalisiert es durch das Besetzzeichen dem Anrufer, dass ich gerade telefoniere. Überdies bleibt dann auch die Verantwortung das Thema zu lösen bei dem Anrufer.

Gleichzeitigkeit oder auch Multitasking, entsprechen inzwischen einer Grundvoraussetzung, einer beruflichen Tätigkeit nachkommen zu können. Das Managen mehrerer Kontakte zur gleichen Zeit ist ein Standard. So erreichen Sie parallel E-Mails wie Anrufe, Skype-Telefonate und Textnachrichten. Dass diese koordiniert werden müssen, ignorieren viele Menschen so lange, bis die bisherige Arbeitsorganisation nicht mehr genügt und überdacht werden muss.

4.4 Arbeits-Ver-Dichtung? – 6 Tipps, die Ihnen helfen zu besseren persönlichen Ergebnissen zu kommen

4.4.1 Mein Schreibtisch, meine Burg

Klingt banal, ist aber der erste Schritt zur Besserung: Schauen Sie in Ihrem Arbeitszimmer bzw. in Ihrem Büro auf den Schreibtisch. Wie ist dieser organisiert? Liegen mehrere Stapel auf ihm?Inzwischen sortiert nach Eingangsdatum? Heben Sie Berge von Visitenkarten auf, damit Sie sich „irgendwann" bei den Personen melden, die sie Ihnen gaben? Arbeiten Sie getreu dem Motto „Das Genie beherrscht das Chaos!"? Laut einer Studie orientieren wir uns an der Ästhetik des Raumes und können entsprechend der vorherrschenden Ordnung besser oder schlechter arbeiten (Schmidt 2013). Entsprechend Ihres Typus ist es ratsam, zu entscheiden: Möchten Sie gern produktiv und strukturiert arbeiten, um Zeit für andere Dinge zu sparen, dann empfiehlt sich ein Arbeitsplatz, auf dem möglichst wenig liegt, dass Sie ablenken könne (Schmidt 2013). Zur Stressminderung eignet sich ein entsprechend eingerichtetes Ablagesystem. Hierzu können Sie gern auch Aspekte des Zeitmanagements hinzuziehen und die Ordnungseinheiten mit „wichtig/eilig", „wichtig", „eilig" und „mal sehen" beschriften. Mehr zum Thema Zeitmanagement erfahren Sie noch zu einem späteren Zeitpunkt in diesem Buch.

4.4.2 Ideenbox einrichten

Ihnen kommen im Auto ganz tolle Ideen? Während des Duschens kreisen Ihre Gedanken und neue Geschäftsfelder blitzen Ihnen im Kopf auf? – Sehr gut! Was tun Sie mit diesen? Vergessen Sie sie wieder oder bemühen Sie sich sofort, ein neues Projekt anzukurbeln, das Sie neben Ihrer Haupttätigkeit umsetzen können? Als ich das erste Mal davon hörte eine Ideenbox einzurichten, habe ich meine Ideen digital niedergeschrieben.

Die Tätigkeit eines Handelsvertreters bietet die wundervolle Möglichkeit, mit vielen Menschen zu sprechen, sich mit ihnen auszutauschen und über scheinbar belanglose

Themen das Vertrauen des Gegenübers zu erschließen. Ein guter Weg, dies nachhaltig umzusetzen, besteht in der Einrichtung einer „Ideenbox". Es gibt zwei Varianten dazu. Die analoge Variante ist: Nehmen Sie sich hierzu eine kleine Kiste, in der Sie Ihre Gedanken aufbewahren. Jedes Mal, wenn Sie eine Idee haben, die in ein Vorhaben, ein Projekt oder ein Thema münden könnte, über das Sie sich weiterführend informieren möchten, schreiben Sie dies auf einen Zettel. Verwahren Sie die Notiz in der Box und greifen Sie regelmäßig in diese „Schatztruhe" hinein, um sich an einen der tollen Gedanken zu erinnern und ihn in die Tat umzusetzen. Denn nur die Umsetzung macht effektiv und effizient!

Der Nutzen dieser Methode liegt in der Entlastung: Sie sind den Arbeitstag über damit beschäftigt, auf andere Menschen einzugehen und sich mit einer Vielzahl von Themen zu befassen. Es ist schade, eigenes hintenanzustellen oder sich in Schön-Geistigem zu verlieren, obgleich Sie anderweitig aktiv sein möchten. Die Box löst diese Aufgabe nachhaltig; ohne mit dem Verlust von Zeit und Ideen einherzugehen. Die digitale Version wäre einen eigenen Ordner digital zu haben, auf den sie von überall zugreifen können. Sie brauchen einen Ordner, mit dem Sie arbeiten, unabhängig von den verschiedenen Zugängen, wie Handy, Tablett, Laptop oder PC. Um auch hier einen Tipp zu geben, so empfehle ich die App Evernote. Hier können Sie auf nahezu allen Geräten unabhängig vom Betriebssystem sehr effizient solche Dinge verwalten. Sie finden diese App, falls Sie ein Smartphone haben, im App-Store.

4.4.3 Ziele richtig definieren

Die Zielsetzung ist ein Kernpunkt jedes Projektgeschäfts. Sind Ziele falsch definiert, erscheint es wie ein Wunder, dass alles vernünftig läuft. Auch ein Kundentermin kann in gewisser Weise als Projektgeschäft bezeichnet werden. Sie planen den Termin, bereiten Ihre Waren vor, stellen sich auf Ihren Gesprächspartner ein. Dementsprechend wählen Sie Kleidung und Präsentationsmaterial, definieren, was Sie mit dem Gespräch erreichen wollen und wie Sie die Kundenbindung langfristig aufbauen können. Ebenso sollte mit eigenen Zielen umgegangen werden. Angenommen, Sie bekommen seitens Ihres Partnerunternehmens die Vorgabe, pro Monat drei Produktanteile zu verkaufen. Wie gehen Sie vor? – Sie planen jeden einzelnen Verkauf und richten sich auch auf Fehlschläge ein. Was passiert, wenn Sie sich sagen: „Ich möchte im Monat 5000 € verdienen."? Das Ziel scheint ähnlich, hat aber eine völlig andere Wirkungsweise. Erwirtschaften Sie im Monat „nur" 3000 € haben Sie Ihr Ziel nicht erreicht und laufen Gefahr, sich daran zu messen. Das Ziel „5000 €" ist unklar, da nur geklärt ist, WAS Sie erreichen wollen. Aber weder das WARUM, noch das WIE sind klar. Setzen Sie sich bitte immer Ziele, die Sie persönlich beeinflussen können. Sie haben Einfluss, wie hoch Ihre Abschlussquote pro Besuch ist, Sie haben Einfluss darauf, wie viele Termine sie wahrnehmen oder nicht und vor allem Sie entscheiden, einzig und allein, wie ihr Büro und die Abläufe darin organisiert sind. Sie haben jedoch nur einen eingeschränkten Einfluss über den Bedarf des Unternehmens

Ihres Kunden. Sie sollten sich auf der anderen Seite nie
Ziele setzen deren Stellschrauben, die für die Erreichung
des Ziels relevant sind, nicht beeinflussen zu können. Was
passiert falls Sie das doch tun und, wie im vorherigen Beispiel, Ihre Ziele nicht erreichen? – Sie werden mehr arbeiten. Viel mehr. Sie agieren unkoordiniert, um das Ziel
„5000" zu erreichen, anstatt das vorhandene „3000" zu
stabilisieren und darauf aufzubauen. Es kommt zwangsweise zu Mehrarbeit und damit, wahrscheinlich auch zu
Fehlleistungen durch Überanstrengung.

Definieren Sie daher keine Ziele, deren Erreichung
nicht in Ihrem Beeinflussungsbereich liegt. Arbeiten Sie
stufenweise auf ein Ziel hin; ganz so, wie Sie es auch im
Projektgeschäft tun, denn Ziele sind in meinen Augen,
die schrittweise Verwirklichung von eben selbst vorherbe-
stimmten Zielen. Bitte beachten Sie auch das Formular,
was ich Ihnen unter der Rubrik „Be Smart" Abschn. 4.2.4
zur Verfügung gestellt habe.

4.4.4 Stille Post

Eine Grundregel, die gern ignoriert wird: Erst das Wichtige, dann das Eilige! Prioritäten sind ein wichtiges Thema,
um das Thema Stressbewältigung zu meistern. Darauf
kommen wir zu einem späteren Zeitpunkt. In diesem
Abschnitt möchte ich mehr auf das Thema Kommunikation eingehen. Ein Beispiel: Ihr Partnerunternehmen ruft
an: „Fahren Sie bitte schnellstmöglich zum Kunden Mus-
termann in Beispielstadt! Dieser rief eben an. Man hat
sehr(!) starkes Interesse am Produkt!" Wie reagieren Sie?

Wenn Sie bereits beim Lesen des Beispiels meinen, Sie müssen alles stehen und liegen lassen, um schnellstmöglich zu reagieren und damit einen optimalen Service liefern, ist das ehrenwert, aber unglücklich und die Gefahr, den negativen Stress wieder zu füttern, erhöht sich. Welche Informationen liegen denn vor? Wenn wir ehrlich sind nur die, die man Ihnen eben am Telefon übermittelt hat. Rief wirklich der Kunde persönlich an oder war es die Sekretärin? Interessiert man sich für das Produkt oder interessiert man sich, weil ein sofortiger konkreter Bedarf besteht?

Das Prinzip des „Stille Post"-Spiels findet in der Weitergabe von Informationen immer wieder Anwendung, wenn eine Person eine Information filtert und interpretiert. Ich denke da gerade beispielsweise an die Benennung eines Liefertermins für ein Produkt.

Erhalten Sie einen Anruf, in dem es heißt, man müsse augenblicklich, sofort und am besten bis gestern reagieren, da die Angelegenheit wichtig(st), nahezu zukunftsweisend ist, sollten Sie immer genau nachfragen. Genau nachfragen beinhaltet natürlich auch, bei diesem potenziellen Kunden nachzufragen. Was ist zu tun: Verfügen Sie über ausreichend Kenntnisse, Fragetechniken durchzuführen, so dürfte es Ihnen sicherlich leichtfallen herauszufinden, wie eilig die Angelegenheit wirklich ist. Falls Sie sich in diesem Bereich noch nicht sicher genug fühlen, dann empfehle ich Ihnen, sich diese anzueignen. Warum? Falls Sie wie im vorangegangenen Beispiel einfach eine „blinde" Reaktion durchführen, setzen Sie sich wahrscheinlich unter Druck und lassen sich durch Externe im ungünstigsten Fall Prioritäten verschieben, die nicht hätten geändert werden brauchen. Weichen Sie also nicht von Planungen ab, solange Ihnen lückenhafte Informationen vorliegen. So erreichen Sie eine ausgewogene Arbeitssituation und *entdichten* Ihre Auftragslage. Dadurch werden Sie auch entspannter und effektiver.

4.4.5 Stille Stunde

Als Handelsvertreter haben Sie, wie bereits mehrfach festgestellt, mit den unterschiedlichsten Aufgaben zu tun. Vor allem, wenn Sie noch als Einzelkämpfer unterwegs sind, konzentriert sich alles auf Sie persönlich. Was sich jedoch herausgestellt hat, ist die Tatsache, dass Sie Ihre Leistungsfähigkeit steigern können, durch die Implementierung beziehungsweise die konsequente Einhaltung einer sogenannten „Stillen Stunde". Hierbei geht es primär nicht darum, die Augen zuzumachen, was für viele vielleicht reizvoll wäre, sondern alles zu eliminieren was stören könnte. Egal ob das Mitarbeiter sind, die in Ihr Büro kommen, oder Anrufe geschweige denn E-Mails. Gerade in der stillen Stunde haben Sie die Möglichkeit sehr viel wegzuarbeiten. Sie sollten sich daher diese Stunde vorzugsweise zu einem Zeitpunkt freihalten, in der Sie besonders leistungsfähig sind. Aufgaben können dadurch schneller bearbeitet werden.

Spannend war in einer Untersuchung, dass die Manager der Meinung waren nicht nur Ihre Arbeit qualitativer einzuschätzen, sondern auch dass der gesamte Arbeitsalltag effizienter und zufriedener war (König et al. o. J).

Dies bedeutet im Umkehrschluss auch weniger Stressoren und damit weniger Stress bei der Arbeit.

4.4.6 „Never say never again", aber sag ab und zu mal nein

„Mein Name ist Bond, James Bond." Diesen Satz kennen wohl alle Leser. James Bond im Auftrag Ihrer Majestät ist immer mal wieder unterwegs. Damals antwortete James Bond am Ende des Films „Never say never again" oder auf Deutsch „Sag niemals nie" auf die Frage, wann er zum Geheimdienst zurückkehrt: „Nie wieder." Wir wissen, dass dies nicht stimmt. Wir können wirklich schwerlich sagen „nie wieder", weil sich Dinge im Laufe des Lebens ändern können. Was Sie jedoch sagen können und darum geht es hier: Nein. Nein zu Dingen, die Ihnen nicht guttun, die Ihnen Ihre Kräfte rauben, weil Sie etwas tun, was Sie nicht tun wollen. Immer wenn sie etwas tun, was Sie nicht tun wollen oder Ihnen dies nicht guttut, entsteht Stress. Also bevor Sie das nächste Mal etwas widerwillig zusagen, wie wäre es mal mit einem klaren Nein, oder wenn Ja, unter welchen Bedingungen ein Ja erfolgen könnte. Auch das ist eine Art, damit ein Ausgleich erfolgt und die Stressfaktoren abgemildert werden.

4.5 Akzeptanz und Achtsamkeit

4.5.1 Schritt 1: Gelassenheit

„Gott, gib mir die Gelassenheit, Dinge hinzunehmen, die ich nicht ändern kann, den Mut, Dinge zu ändern, die ich ändern kann und die Weisheit, das eine vom anderen zu unterscheiden." Dieses Gelassenheitsgebet wird dem US-amerikanischen Theologen Reinhold Niebuhr zugeschrieben (Niebuhr 2014). Spannend ist jedoch weniger die Aussage, die mit diesem Spruch einhergeht, denn vielmehr das englische Original (Serenity Prayer 2017): „God, grant me the serenity to accept the things I cannot change, Courage to change the things I can, And wisdom to know the difference."

Das Wort „accept", auf Deutsch „akzeptieren", wird in der Gebetsübersetzung mit „hinnehmen" angegeben. Doch bedeutet Akzeptanz wesentlich mehr. Vom lateinischen „accipere" abgeleitet, steht es im wörtlichen Sinn für „annehmen", „anerkennen" und „einverstanden sein". „Hinnehmen" entspricht eher einem „billigen", was mehr dem Begriff der Toleranz zuzuschreiben ist. Für den ein oder anderen mag dies Haarspalterei bedeuten, doch ist das Verständnis der Worte die Grundlage, Gelassenheit zu erlangen. Akzeptanz und Toleranz unterscheiden sich maßgeblich in Hinblick auf die Aktivität, die ein Mensch hervorbringen muss, um nicht mehr „nur" zu tolerieren. Während die Duldung einer Sache passiv geschehen kann, beruht Akzeptanz auf Freiwilligkeit und einer bewussten Entscheidung dazu.

Im Job zeigt sich der Unterschied am Beispiel des Umgangs mit verschiedenen Charakteren. Stellen Sie sich vor, Sie treffen auf einen Kunden, der auf Sie aufbrausend, nahezu cholerisch wirkt. Sie können dreierlei reagieren: Ablehnend, was allerdings kaum zu einem Geschäftsabschluss führen wird. Zudem werden Sie sich über sein Verhalten ärgern und dadurch Stress aufbauen.

Tolerierend, wodurch ihnen die emotionale Haltung Ihres Gegenübers nahezu egal sein wird. Oder akzeptierend. Im Falle der „Ist mir egal!"-Haltung besteht die Wahrscheinlichkeit, dass Sie nach dem Gespräch das Büro verlassen (mit oder ohne Abschluss spielt vorerst keine Rolle) und die Situation auf sich beruhen lassen.

Akzeptieren Sie die emotionale Haltung des Kunden, indem Sie sich sagen, „Er hat sicherlich einen für ihn sinnvollen Grund, sich aufzuregen!", begegnen Sie dem anderen empathisch. Ohne seinen Stress auf sich übergehen zu lassen, können Sie sich auf ihn einstellen und damit auch auf seine Bedürfnisse eingehen. Die Wahrscheinlichkeit, einen Geschäftsabschluss zu generieren, steigt. Einem anderen negative Emotionen zuzugestehen, ist ein Prozess, der geübt werden kann. Gelassenheit ist keine „philosophische Entwicklungsfrage", sondern die Nichtanwesenheit von Stresshormonen und einem niedrigen Blutdruck. Hierfür helfen drei Übungen:

4.5.1.1 Musik HÖREN

Musik nebenher klingen zu lassen, muss nicht hilfreich sein. Musik aktiv und vor allem bewusst gehört, verändert hingegen das Körpergefühl. So heißt es, dass Musik bestimmte Hirnregionen direkt anspricht und somit positiv in den Hormonhaushalt eingreift. Bei bestimmten Klängen reduzieren angenehme Klänge den Adrenalin- und Cortisolhaushalt im Blut und damit die(!) Stresshormone schlechthin. Allerdings kommen neue Studien zu dem Ergebnis, dass Musik individuell wirkt (Blog für

Fitness, Ästhetik und Ernährung 2014). Während ältere Forschungsergebnisse belegen möchten, dass vornehmlich klassische Musik zur Stressreduktion geeignet ist, kommen neue Varianten zu dem Schluss, dass es nicht immer Mozart sein muss. So „…belegen neuere Studien, dass auch Heavy Metall hilft. Sogar gegen Bluthochdruck: Kurzfristig sanken die Werte der Studienteilnehmer, während sie Musik hörten. Doch der Effekt blieb nicht stabil, denn die Werte normalisierten sich wieder, sobald keine Musik mehr lief" (Blog für Fitness, Ästhetik und Ernährung 2014). Eine Möglichkeit, den Effekt nachhaltig zu stabilisieren, besteht darin, sich in besonderen Stresssituationen eine Melodie ins Gedächtnis zu rufen, die auf Sie beruhigend wirkt, da Ihr Unterbewusstsein die Tonfolgen mit positiven Emotionen in Verbindung bringt.

4.5.1.2 Luft anhalten

Stress ist, wie Sie vermutlich wissen, nichts anderes als eine Voraussetzung für Kampf und Flucht. Da die Evolution „versäumt" hat, unserem Nervensystem mitzuteilen, dass der Angriff durch ein Mammut im Großraum Berlin eher unwahrscheinlich ist, reagieren wir nach wie vor wie unsere Vorfahren auf eine Verschiedenheit an Reizen. Hierbei unterscheidet uns vom Höhlenmenschen nicht viel: Der Reiz wirkt auf uns ein, das Hirn bekommt die Nachricht „Gefahr", veranlasst die entsprechende Hormonausschüttung und alle Wege, die Sauerstoff von A nach B transportieren können, werden erweitert. So auch Mund, Nase, Luftröhre und Bronchien. Der ebenso damit verbundene Kloß im Hals, welcher in Schreckmomenten das Zuschnüren der Kehle bewirkt, soll ein Entweichen der Atemluft verhindern. Theoretisch brauchen wir sie ja im Gefahrenmodus (Kogler 2010).

Da die Atmung willentlich beeinflussbar ist, können Sie sich dies effektreich zunutze machen. Nach Dr. Alois Kogler (2010) können Sie unangenehmen Gefühle folgendermaßen entgegentreten. Bemerken Sie eine Zunahme an Spannung, beginnen Sie dem Schnellatmen entgegen zu wirken:

- Atmen Sie bewusst ein
- Halten Sie den Atem für drei Sekunden an
- Atmen Sie langsam aus

Wiederholen Sie diese Übung drei Mal. Sie werden bemerken, wie schnell Sie an Gelassenheit gewinnen und ruhiger agieren können.

4.5.1.3 Geh-Meditation

Sie sind auf dem Weg zu einem wichtigen Termin. Sie steigen aus dem Auto und bemerken wie Ihre Atmung flacher und schneller wird. Sie sind angespannt. Beginnen Sie mit der Übung, indem Sie kurz stehen bleiben. Beginnen Sie Ihren Weg von vorn und gehen Sie bewusst zum Termin. Jetzt allerdings, indem Sie sich bewusst auf jeden Schritt konzentrieren. Links. Rechts. Links. Rechts. Bis Sie angekommen sind. Schweifen Ihre Gedanken ab, beginnen Sie von vorn, Ihre Schritte mit „Links. Rechts. Links. Rechts." zu kommentieren.

Diese Übung lenkt vom Geschehen ab und damit auch von der Fixierung auf den stressigen Termin.

4.5.2 Schritt 2: Akzeptanz

Sich aktiv dafür zu entscheiden, eine Situation, einen Umstand oder gar einen Zustand anzunehmen, heißt nicht, dass dieser nicht auch verändert werden kann. Es bedeutet nur, das Aktuelle auch als gegeben anzunehmen.

Bleiben wir bei dem Beispiel, dass Sie bei einem Kunden ankommen, der stark erregt und wütend scheint, laut ist und die negativen Gefühle auf Sie überträgt. Der erste Schritt ist, Gelassenheit zu bewahren. Dies ist die Basis, um das Geschehen akzeptieren zu können. Akzeptanz ist ein Vorgang, der auf Bewusstsein basiert. Ganz gleich, wie Ihnen Ihr Gegenüber, speziell Ihr Kunde, gegenübertritt, sagen Sie sich: „Das ist jetzt so." Wiederholen Sie den Satz gedanklich mehrfach, wenn Sie bemerken, dass sich negative Gefühle einstellen.

Sammeln Sie sich, um die eigene Mitte wieder zu finden und üben Sie im Anschluss, Gelassenheit durch das Erinnern an eine der eben vorgestellten beruhigenden Methode, zu bewahren. Das kann sein, indem Sie auf Ihre Schritte bis ins nächste Büro achten oder Sie führen eine Atemübung (z. B. Luftanhalten) durch. Sie werden bemerken, dass sich Ihre Ruhe auf die Person Ihnen gegenüber legen wird.

Sind Sie an diesem Punkt angelangt, haben Sie bereits zwei Schritte der sogenannten „4-A-Strategie" erfolgreich umgesetzt (Kaluza 2011).

Die 4-A Strategie ist für eine akute und nicht vorhersehbare Stressbelastung gedacht und steht für Annehmen bzw. Akzeptieren, Abkühlen, Analysieren und Ablenken bzw. Aktion. Akzeptieren und Abkühlung durch Gelassenheit generieren sind die ersten beiden Schritte. Nun folgt die Analyse der Situation „Kann ich etwas ändern?" oder „Ist es mir die Sache wirklich wert?". Die darauffolgende Reaktion sollte angemessen sein und mündet in einer Ablenkung oder einer Aktion. Das Ablenken bezieht sich hierbei auf das „Herausgehen" aus der Situation, indem Sie beispielsweise Musik hören, andere Menschen auf der Straße beobachten. Eine Aktion tritt dann ein, wenn Sie die Fragestellung aus der Analyse beide mit ja beantworten haben. Dann ist es entscheidend, forsch und selbstbewusst zu handeln. Dies kann beispielsweise bedeuten, etwas zu delegieren oder auch eine klare Positionierung einzunehmen.

4.5.3 Schritt 3: Achtsamkeit

Achtsamkeit bedeutet, das Hier und Jetzt nicht nur körperlich wahrzunehmen, sondern auch mentales Bewusstsein für das Sein zu erlangen. Das mag philosophisch, für den ein oder anderen durchaus esoterisch klingen, doch für die meisten Menschen ist es kein normaler Zustand. Ein Beispiel: Sie steigen morgens in Ihr Auto und fahren zu einem Termin. Die ersten zehn Minuten zur Autobahn nehmen Sie vermutlich gar nicht bewusst wahr, da es eine routinierte Strecke ist, die Sie zurücklegen – und trotzdem schaffen Sie es ohne Unfall zu bleiben. Nun stellen Sie sich vor, dass nicht nur dieser Abschnitt, sondern die nächsten Stunden derart ablaufen. So ergeht es vielen und niemand ist davor gefeit, ebenfalls in diesen Zustand zu rutschen. Geschehen kann das vor allem dann, wenn Sie einer Vielzahl stressiger Situationen ausgesetzt sind. Dieses „Abschalten" ist prinzipiell auch nichts Schlechtes, da es die Psyche schützt. Allerdings kann es in zwei Richtungen abschweifen, vor denen es sich zu schützen gilt. Entweder, es endet darin, dass Momente, die nicht mehr bewusst wahrgenommen werden, zunehmen. Oder der Großteil der Momente, die Wahrnehmung finden, wird (positiv oder negativ) bewertet. Die Methode der Achtsamkeit macht sich beide Aspekte zunutze. Achtsame Menschen nehmen Augenblicke und Situationen bewusst wahr, allerdings ohne sie zu bewerten. Eine einfache Übung dazu ist, sich auf den Atem zu konzentrieren und dadurch Distanz zu den Gedanken zu schaffen. Beginnen Sie gleich damit:

Legen Sie Ihre linke Hand flach auf Ihre Brust und die rechte Hand flach auf den Bauch. Atmen Sie ruhig ein und wieder aus. Atmen Sie einmal nur in den Bauch und fühlen Sie mit Ihrer rechten Hand, wie sich dieser hebt und wieder senkt. Atmen Sie folgend mit einer Brusthebung und spüren Sie das Heben und Senken mit Ihrer linken Hand.

Was bemerken Sie? – Ihr Kopf wird völlig klar. Die Gedanken schweifen nicht ab. Sie sind komplett bei sich und achten nur auf die Bewegung Ihres Körpers und auf Ihre Atmung. Diese Achtsamkeitspraxis lässt sich trainieren, ohne zusätzliche zeitliche Ressourcen zu aktivieren. So können andere Gelegenheiten, Achtsamkeit in den Alltag zu integrieren, sein:

- Während des Duschens achten Sie auf das wärmende Wasser, anstatt über die To-Do-Liste nachzudenken, die Sie nachfolgend noch abarbeiten möchten.
- Der morgendliche Kaffee wird nicht nebenbei getrunken, sondern angenehm genossen (Genießen, s. Abschn. 6.4 Kapitel Genuss für zwischendurch)

Sicherlich finden sich auch weitere Übungen, die Sie nutzen und individualisieren können. Um gegen Stress vorzugehen, ist der Weg zur Achtsamkeit besonders über das 3-Schritte-Modell zu erreichen:

- Dinge mit Gelassenheit hinnehmen,
- deren Existenz akzeptieren,
- die Umwelt wahrnehmen und keine Bewertungen durchführen, wenn es nicht unbedingt sein muss.

Wenn Sie dies umsetzen, dann erreichen Sie innerhalb von Sekunden einen entspannten Zustand.

Literatur

Adler E (2012) Schlüsselfaktor Sozialkompetenz. Ullstein, Berlin

Blog für Fitness, Ästhetik und Ernährung (2014) Ist Musik die beste Medizin? http://www.bfa-ernaehrung.de/musik-ist-die-beste-medizin. Zugegriffen: 23. Sept. 2016

Kaluza G (2011) Stressbewältigung, Trainingsmanual zur psychologischen Gesundheitsförderung. Springer, Wiesbaden

Kogler A (2010) Atmung und Stress. http://www.psychosomatik.at/uploads/file/Atmung+und+Stress_pdf.pdf. Zugegriffen: 23. Sept. 2016

König C, Kleinmann M, Höhmann W (o. J.) QUIET HOUR. http://www.psychologie.uzh.ch/fachrichtungen/aopsy/Publikationen/KoenigKleinmannHoehmann_inpress.pdf. Zugegriffen: 23. Sept. 2016

Meyer PJ (2009) LMI Kursunterlage EPP – Persönliche Produktivität. Waco

Niebuhr R (2014) Wikiquote, Die freie Zitatsammlung. https://de.wikiquote.org/w/index.php?title=Reinhold_Niebuhr&oldid=480519. Zugegriffen: 20. März 2017

Schmidt (2013) Produktive Leere und kreatives Chaos. http://www.sueddeutsche.de/karriere/schreibtisch-studie-produktive-leere-und-kreatives-chaos-1.1780853. Zugegriffen: 22. Sept. 2016

Serenity Prayer (2017) In Wikipedia, the free encyclopedia. https://en.wikipedia.org/w/index.php?title=Serenity_Prayer&oldid=759704747. Zugegriffen: 20. März 2017

Wirtschaftslexikon (Hrsg) (2015) Motivation. http://www.wirtschaftslexikon24.com/d/motivation/motivation.htm. Zugegriffen: 22. Sept. 2016

5

Zeitmanagement

Läuft

In der westlichen Kultur lernen Menschen, Zeit im Sinne eines Kontingents zu definieren. Der Mensch begreift irgendwann, dass sein Leben endlich ist. Ab diesem Zeitpunkt wird er versuchen, seine Existenz bewusst mit Sinn zu füllen. Partnerschaft, Familiengründung, Ausbildung, Beruf, Freunde, Hobbys, Urlaub. Alle Aspekte, die ein Leben bereichern bzw. lebenswert machen, nehmen einen gewissen Zeitraum in Anspruch. Diesen derart einzurichten, dass alle wichtigen Punkte und Personen in der Gesamtzeit Platz finden, wird erst schwierig, wenn man sich zu vielen Tätigkeiten widmen möchte.

Ab einem bestimmten Maß an Tätigkeiten, Aufgaben und selbst gewählten „Zeitfressern" beginnen wir, Prioritäten zu setzen, Dinge parallel zu tun und Routinen zu entwickeln, bis wir auf Fragen wie „Ist dieser/jener Vorgang

© Springer Fachmedien Wiesbaden GmbH 2017
S. Becker, *Der Anti-Stress-Trainer für Handelsvertreter,*
DOI 10.1007/978-3-658-12454-0_5

bereits in Arbeit?" mit „Ja, das läuft!" antworten und uns völlig unsicher sind, was eigentlich gemeint ist.

Einen solchen Umstand zu vermeiden, ist unter zwei Umständen möglich:

a) Sie entscheiden sich bewusst dafür, nur wenige Aktivitäten aufzunehmen, um genügend Freiraum zu besitzen, Ihr Zeitkontingent zu füllen.
b) Sie beginnen die 24 h des Tages zu verwalten und damit Zeit für all jene Dinge zu finden, die Ihnen neben Ihren Pflichten besonders wichtig sind.

5.1   Regelmäßig pausieren

Der Wecker klingelt. Hastig aufgestanden, in die Küche gehetzt, Kaffeemaschine angeschaltet. Ab, ins Bad. Zähne putzen, erfrischen, stylen. Zehn Minuten später im Vorbeigehen den Kaffee in den „Guten Morgen!"-Pott geschüttet. Kleidung heraussuchen, Sachen packen und parallel den Kaffee trinken. 20 min nach dem Aufstehen ist man fertig, hat das koffeinhaltige Heißgetränk hinuntergestürzt und geht aus dem Haus. – „Ich will morgens schnell fertig werden!", „Ich könnte auch früher aufstehen, aber das will ich ja nicht; ich beeile mich lieber." oder „Ich bin nicht gestresst. Das ist alles strukturiert.", sind typische Antworten auf die Frage nach dem Grund dieses Eilens. – Erlauben Sie sich mit solchen Personen ein Experiment und rufen Sie diese mittags an. Vermutlich geht Ihr Gesprächspartner kauend ans Telefon. Das Mittagessen wird ebenso „nebenbei" zu sich genommen wie der Kaffee.

Pausen werden nicht eingehalten. Die Mahlzeiten nicht mit Zeit bedacht. Das Fehlen aktiver Pausen[1], in denen sich bewusst Ruhe gegönnt wird. Besonders im Außendienst werden Termine mit Kunden eng aneinandergepresst, um eine möglichst hohe Verkaufsquote zu erzielen. Die Zeit im Auto kann für mehr genutzt werden als zum Fahren. Gönnen Sie sich regelmäßig Pausen von bis zu 20 min, in denen Sie essen, das Telefon ignorieren und Ihre Kräfte regenerieren. Bereits während der detaillierten Tagesplanung am Vortag oder am Morgen ist es sinnvoll, Pausen einzuplanen, die nah an einer Belastungsphase liegen. Ein Jahresurlaub von zwei oder drei Wochen kann ein regelmäßiges Entspannen nicht ersetzen.

5.2   Richtig pausieren

Rast, Ruhe oder Unterbrechung?

Das lateinische „pausa" wird mit vier Bedeutungsinhalten bedacht: Pause, Rast, Stillstand und Ende (Pons 1986). Im Deutschen versteht man lediglich eine zeitlich begrenzte Unterbrechung einer Handlung oder eines Vorgangs. Dass wir Pausen vornehmlich mit der eigenen Arbeit in Verbindung bringen, ist nicht verwunderlich, schließlich nutzen wir sie regelmäßig, um uns kurzzeitig von etwas zu erholen oder einer anderen Tätigkeit, wie dem Mittagessen,

---

[1]Die „Aktive Pause" wurde ursprünglich von Holger Laurisch entwickelt und hatte zum Ziel Grundschulkinder in Schwung zu bringen. Da es ein Bewegungsprogramm ist, wurde es sehr schnell auch in den Arbeitsalltag integriert. Es geht also darum, bewusst die Pause mit Bewegungsübungen zu gestalten.

nachzugehen. Wie stark wir vom eigentlichen Sinn der Pause abweichen und sie innerhalb unseres Arbeitslebens ad absurdum führen, ist vielen gar nicht bewusst. Ein fataler Irrtum, zu glauben, es sei egal, ob, wie viel und wie lange man pausiere. Die korrekte Frage sollte lauten: Wie pausiere ich richtig?

G'schichten aus'm Garten

Die Werbeindustrie nutzt das Bild des gemütlichen Ruhens regelmäßig in Fernsehproduktionen, um Süßgebäck oder Bierspezialitäten anzupreisen. Während das eine morgens halb zehn (in Deutschland) scheinbar ein Frühstück ersetzt, treffen sich für den Genuss des anderen Produktes Personengruppen (zumeist männlich) im Biergarten und üben sich im Genießen, während die Mittagssonne über ihnen steht. – Wieso empfinden die meisten Personen diese Warendarstellungen als angenehm? Weil grundlegende Bedürfnisse angesprochen und mit einem Wohlgefühl verbunden werden. Die Freude am Genuss, der Muße und dem Nicht-Müssen ist im menschlichen Empfinden fest verankert. Werden diese Bedürfnisse längerfristig ignoriert, schlägt sich das in Stressempfinden und Leistungsabfall nieder. Es ist nicht notwendig, wenngleich auch vielen nicht möglich, sich mittags für 90 min auf ein goldenes Kühlgetränk in eine parkähnliche Schenke zu setzen. Allerdings ist der Gedanke, „richtig zu pausieren", der relevante Kern. Sind Sie jemand, der gern und lang pausiert oder mögen Sie kurze, intensive Unterbrechungen? Was lässt Sie innerhalb weniger Minuten entspannen und erholen?

Die richtigen Vorbilder

Die ersten Vorbilder eines Kindes sind seine Eltern. Wir lernen modellhaft von ihnen: Wir bilden sprachliche Laute, eignen uns durch Nachahmung Fähigkeiten an und übernehmen Eigenheiten. Im Laufe des Älterwerdens streben wir unterschiedlichen Personen nach. Das kann ganz bewusst passieren oder sich darin niederschlagen, dass wir uns inspirieren lassen. Die Form der Vorbildwirkung, das Inspirieren, ist etwas, das uns auf neue Ideen bringt bzw. alte Gewohnheiten ablegen lässt. Die Frage, wie man beruflich erfolgreich sein kann, lässt viele Menschen überlegen, von wem sie Erfolgsmethoden erlernen können. Eine großartige Idee – mit Fallen.

Im Jahr 2015 stellte Freya Oehle eine Geschäftsidee im deutschen Fernsehen vor. Der Erfolg blieb nicht aus und sie wurde von der Zeitschrift „t3n.digital pioneers" zum Interview über ihren Tagesablauf gebeten. Allein der Titel des Artikels, „'13 Uhr: Mittagessen vor dem Bildschirm': Ein Tag im Leben von Spottster-Gründerin Freya Oehle" (Hüfner 2016a) lässt auf eine vernachlässigte Pausenkultur schließen. Einen ähnlichen Beitrag gibt es über Unternehmer und Jurymitglied aus „Die Höhle des Löwen" Frank Thelen, dessen Mittagessen ebenfalls außerhalb geregelter Ruhezeiten seinen Sinn erfüllt (Hüfner 2016a). – Sind diese beiden Personen richtige Vorbilder? – Ja! Allerdings sollten Sie sich überlegen: „Ticke ich wie diese beiden?!" Die Fragen dürfen Sie sich selbst beantworten. Die Darstellung der beiden Unternehmer ist ein Abriss und der Tagesablauf entspricht einem unter vielen eines Arbeitsjahres. Das Klischee, „Wer viel arbeitet, wird viel erreichen.", verliert in beiden Interviews nicht an Wert. Im Gegenteil.

Beide Unternehmer haben persönliche Motivationsaspekte und kennen (wahrscheinlich) ihre Stressoren. Es wird nicht geklärt, ob sie sich einen Tag Wochenende mehr gönnen oder an anderen Tagen mittags kurz ruhen. Was hingegen deutlich kommuniziert wird: Beide nehmen sich aktiv Zeit, komplett mit der Arbeit abzuschließen – beispielsweise durch Sport. Sie pausieren weniger während des Tages, denn mehr durch aktives Abschalten bzw. Phasen, in denen sie sich Zeit für sich und ihre Bedürfnisse nehmen (Kaffee trinken, Musik hören, Nachrichten verfolgen) (Hüfner 2016b). Welche Impulse können Sie sich von den Erfolgreichen nehmen und entsprechend Ihrer Bedürfnisse in Ihren Alltag integrieren?

5.2.1 Lerche oder Eule?

Erwachen Sie eher zeitig und beginnen den Tag noch in den frühen Morgenstunden? Oder schlafen Sie gern lang, sodass Sie bis spät abends aktiv sein können? Diese Extremtypen wurden von Wissenschaftlern nach zwei Vogelarten benannt. Während die Lerchen ihr Hoch am Morgen haben, sind Eulen, entsprechend ihren Namensgebern, nachtaktiv. Unsere Schlafgewohnheiten sind genetisch vorprogrammiert. Wichtig erscheint hierbei besonders eine Frage: Haben Sie die Möglichkeit, Ihrem natürlichen Schlafbedürfnis nachzukommen oder wird es durch äußere Umstände verhindert? Verschieben sich Schlaf-Wach-Rhythmen aufgrund zu versorgender Kinder und/oder einem Arbeitsplatz, der spezifische Zeiten verlangt, wirkt sich das auf den kompletten Tagesablauf aus.

Als Handelsvertreter sind Sie stark an die Zeiten gebunden, die Ihnen Ihre Kunden vorgeben. Allerdings können Sie Pausenzeiten vorab definieren, zu denen Sie pausieren und ruhen. Sind Sie eine Eule und stehen entgegen Ihrer Natur zeitig auf, sollten Sie mittags intensiv pausieren, um nachmittags bei Kräften zu sein. Neigen Sie eher zur Lerche, sind eine kürzere Pause vormittags und eine kürzere Pause nachmittags empfehlenswert. Bitte bedenken Sie, dass Ihre Leistungsfähigkeit besonders im Vertrieb von Ihrem Esprit abhängt. Müde Charaktere werden für weniger erfolgreich gehalten als jene, die energiereich und wach wirken. Gönnen Sie sich daher die Pausen, die Sie benötigen(!), um genug Energie zu haben, Ihre Performance zu 100 % umzusetzen.

5.2.2 Pause wie ein Schüler

Die Schule war ein Ort, an dem sich eine Menge Geister begegneten. Die einen empfanden es als notwendiges Übel, die anderen kreierten innerhalb der Penne ihr persönliches Königreich, ganz gleich den US-amerikanischen Highschool-Filmen. Doch egal, wer man war, welches Fach man besonders mochte oder ob besonders die Zeit nach dem Unterricht im Vordergrund stand, waren es die Pausen, die uns alle besonders prägten. Das hat mehrere Gründe:

Menschen sind soziale Wesen. Während wir innerhalb unserer Arbeit häufig konzentriert agieren und uns nur bedingt austauschen, sollten Pausenzeiten mit einer Pausenkultur einhergehen. Schüler sitzen zwar 90 min lang miteinander in einem Raum, allerdings verbringen sie die gemeinsame(!) Zeit zwischen den Stunden. Gerade im Vertrieb hat man zwar viele soziale Kontakte, doch unterscheiden sich diese in Themen und Interaktion von rein privaten. Es bietet sich an, Pausen einzulegen, in denen Sie unter Menschen kommen, die nicht zu Ihrem Berufsalltag zählen. Ebenso können Sie sich ablenken, indem Sie ein privates Telefonat führen. Wichtig ist der Ausgleich nicht nur im Bereich der Inhalte, mit denen wir unsere Stunden füllen. Es geht auch um die Frage, mit wem wir das tun.

5.2.3 Pädagogisch korrekt?

Eine Unterrichtsstunde beträgt 45 min. Eine Unterrichtseinheit 90 min. Inwiefern dies sinnvoll ist und dem Konzentrationsvermögen entspricht, wird nach wie vor von Fachleuten diskutiert. Nichtsdestotrotz lernen alle Schüler, sich an diesen Phasen erhöhter Konzentrationszeit zu gewöhnen und im Anschluss daran zu pausieren. Das nützliche daran: Wir können es den Schülern nachahmen. Planen Sie Ihren Tag so, dass Sie nach spätestens 90 min starker Konzentration eine kurze Verschnaufpause einlegen können.

Andere mir genannte Verhaltensroutinen sehen so aus, dass Sie nach dem Schema 25/5 oder 50/10 agieren. 25 min hoch konzentriert und dann 5 min Pause. Egal für welches Schema sie persönlich eine Vorliebe haben, achten Sie bitte darauf dies auch im Kontext in Vertriebsgesprächen und Meetings zu pflegen. Dadurch kann sich Ihr Körper an diesen Rhythmus aus Aktivität und

Entspannung gewöhnen und kommt schneller zur Ruhe und damit auch wieder zu Kräften.

5.2.4 Kontraste schaffen

Wie eine gesunde Pause aussieht, hängt davon ab, was wir tun. Wer im Büro arbeitet, hat andere Bedürfnisse als ein Handelsvertreter oder jemand, der ganztägig Kinder betreut. Sorgen Sie für einen bewussten Bruch!

- Fahren Sie viel umher, dann verbringen Sie Ihre Pause nicht im Auto und bestenfalls nicht im Sitzen. Bewegen Sie sich kurz. Gehen Sie eventuell zehn Minuten spazieren.
- Arbeiten Sie körperlich schwer, bauen Präsentationsstände auf und ab? – Körperliche Anstrengung sollte durch physische Entspannung ausgeglichen werden. Diese ist vermeintlich leicht: Setzen Sie sich und legen Sie die Füße für fünf Minuten hoch. Tun Sie während dessen nichts weiter. Kein Handy, kein Fernsehen, keine Zeitschrift. Entlasten Sie vollständig.
- Je mehr Zeit Sie in Büroräumen verbringen, desto wichtiger ist der Kontrast in der Pause. Gehen Sie raus, und sei es nur kurz vor die Tür.

Die wichtigste Pausenregel: Hören Sie auf Ihren Bauch! Das Gefühl, eine Situation verändern zu möchten, ist wichtig und richtig. Ist Ihnen für einige Minuten nach Einsamkeit, gönnen Sie sich diese. Ist Ihnen nach frischer Luft, gehen Sie hinaus. Achten Sie darauf, dass ein „Das geht jetzt nicht!" kein Aspekt ist, aufgrund dessen Sie Ihre Pausenzeit verschieben oder aufgeben sollten.

5.2.5 Die Informationsflut eindämmen

WhatsApp-Gruppen, Newsletter, Ticker, Informations-bänder, Pop-Up-Nachrichten, Messenger und nicht zu vergessen die Unzahl an E-Mails. Sie sind täglich einer Vielzahl an Informationen ausgesetzt. Wer auf jeden Reiz reagiert, konzentriert sich weniger und erfüllt seine Aufgaben schlechter als jene, die zielgerichtet arbeiten. Legen Sie hierfür Zeiten fest, in denen Sie telefonisch nicht erreichbar sind. Schalten Sie den Ton eingehender E-Mails aus und verarbeiten Sie diese im Block statt einzeln. Es gilt: maximal drei E-Mail Blöcke am Tag, denn nur so vermeiden Sie das unentwegte Unterbrechen und demnach die Ablenkung von Arbeitsflüssen und -aufgaben. Bestellen Sie Newsletter ab, die Sie nicht mehr lesen. Bitte überlegen Sie sich, wie wichtig eingehende Textnachrichten auf dem Handy sein können! – SMS, WhatsApp- oder Facebooknachrichten ersetzen kein Telefonat. Möchte jemand, dass Sie umgehend über etwas informiert werden, wird er sicherstellen, dass Sie die Information auch umgehend erhalten sowie die Informationsaufnahme mit einem Feedback belegen. Ich habe einen Kollegen, da bekomme ich immer eine automatisierte Mail-Antwort in der er schreibt, dass er nur zweimal am Tag seine Mails abruft. Dies nenne ich Effektivität.

5.2.6 Die richtige Informationsaufnahme

Es wird den Frauen nachgesagt, dass Sie wesentlich besser die Informationen aufnehmen können, vor allem über die unterschiedlichen Informationskanäle: Hier ist die Rede von Multitasking, dem Arbeiten von mehreren Dingen zum gleichen Zeitpunkt. Obwohl die Wissenschaft momentan auch darüber diskutiert, ob es dies wirklich gibt, so ist eines unbestritten sicher. Falls dies unter Stress geschieht, dann steigt die Fehlerquote sehr stark. So kommt es dann doch schon einmal vor, wenn ich gedanklich an zwei Orten gleichzeitig bin, mal eine Person mit einem andern Namen anzusprechen – und das ist noch eine harmlose Variante. Der Nachteil ist, dass mein Gegenüber dies ebenfalls mitbekommt. Dass meine Gedanken woanders waren, erkennt er in diesem Moment und dies ist alles andere als wertschätzend, und kann uns im schlimmsten Fall sogar einen Auftrag kosten. Daher ist es wichtig, sich auf eine Sache zu konzentrieren und diese erst einmal fertig zu stellen.

5.2.7 Meetings zeitlich eindämmen

Vorab: Sind Sie in der glücklichen Situation, darüber entscheiden zu dürfen, ob Sie ein Meeting wahrnehmen oder doch lieber zum Kundentermin fahren? Sofern, prüfen Sie für jedes Meeting die Dauer, das Thema, die Agenda und bestenfalls, soweit übermittelt, die eingeladenen Teilnehmer. Kommen Sie vorab zu dem Schluss, dass dieses Meeting (eventuell erfahrungsgemäß) ohne messbares

Ergebnis enden wird: Seien Sie woanders! Getreu dem Motto „Zuerst eine Besprechung der Lage, Analyse und Zusammenfassung aller Fakten, dann die Diskussion der Fakten. Diskussionen müssen zu Ergebnissen führen! Ergebnisse zu Entscheidungen! Entscheidungen müssen Taten folgen!" (Ernst 2010) Ist das Meeting nicht relevant, sagen Sie freundlich ab. Meinen Sie, dass Ihre Position im Unternehmen bzw. Ihr beruflicher Weg durch das Treffen beeinflusst werden, arbeiten Sie daran mit, dass das Gespräch ein erfolgreiches wird.

Die Länge eines Treffens eines Meetings ist selber ein weiteres Beispiel dafür, um festzustellen ob Sie die Meetingzeit weiter eindämmen können. Falls Sie Mitarbeiter haben, oder auch bei Kunden, können Sie dies einsetzen. Ich möchte Ihnen das anhand eines befreundeten Managers darstellen, wie er vorgegangen ist. Dieser Manager hatte den ganzen Tag über sehr viele Besprechungen und Termine, die sowohl von anderen vorgegeben waren als auch selbst von ihm initiiert wurden. Für ihn gab es immer 30 min, eine Stunde und zwei Stunden Termine. Irgendwann, kam er gar nicht zu seiner eigentlichen Arbeit innerhalb der Arbeitszeit und er saß bis spät in den Abend im Büro und war damit unzufrieden. Sein Lösungsansatz war daraufhin: alle Besprechungen, die er steuern kann, werden zeitlich um 50 % reduziert. Der ein Stunden Termin ging dann nur noch eine halbe Stunde, der zwei Stunden Termin nur noch eine Stunde. Er kommunizierte dies auch seinen Mitarbeitern zu Beginn des Gespräches, dass er sich nur noch 30 min Zeit nehmen würde. Was passierte? Die Menschen um ihn herum, welche damals größtenteils seine Mitarbeiter waren, hatten in den ersten Wochen ein Problem damit. Denn wirklich nach einer halben Stunde erhob er sich und ging aus der Besprechung. Nach rund 4 Wochen stellte es sich ein, dass die Mitarbeiter, die zu besprechenden Themen wirklich noch weiter auf das Wesentliche kürzten, um die Themen auch besprechen zu können. Er gewann durch diese Art, jeden Tag rund 2–3 h und konnte früher nach Hause, um seine Familie zu sehen.

Fakt ist: Jeder Mythos, der nicht hinterfragt wird, entwickelt sich zu einer Grenze des Denkens und Fühlens. Erkunden Sie Ihre Glaubenssätze und fragen Sie sich: Welche stammen von anderen Leuten und wie wahr sind sie wirklich?

Sind Sie nicht in der Lage, über die Teilnahme an einem Meeting zu entscheiden, ist es ratsam im Vorfeld einen zeitlichen Horizont zu erfragen und dann auch frühzeitig im Meeting zu kommunizieren, dass ein Anschlusstermin nach der vereinbarten Zeit geplant wurde. Wenn es dem Organisator des Meetings wichtig ist, Sie dabei zu haben, dann wird er auch einen Weg finden zu diesem Zeitpunkt fertig zu werden. Für Sie bedeutet dies, zu Beginn gleich mitzuteilen, dass noch ein Folgetermin besteht.

5.2.8 Besser delegieren

Ein Begriff, der in den letzten Jahren den Sprachschatz vieler Unternehmer erweitert hat, ist „Outsourcing". Übersetzt heißt es so viel wie „nach außen verlagert" und beschreibt einen Vorgang, in dem firmeninterne Prozesse an einen nicht unternehmenszugehörigen Dienstleister übertragen werden. Ein beliebter Aspekt dabei sind Aufgaben des Marketings. Statt einer eigenen Abteilung werden hierfür eigenständige Werbefachleute konsultiert. Freie Handelsvertreter entsprechen dem Pendant hierzu; allerdings für den Bereich Produkt- oder Dienstleistungsvertrieb. Outsourcing ist demnach eine Möglichkeit der Delegation, die beim Handelsvertreter nicht enden muss. Besonders, wenn Sie freiberuflich tätig sind, ist es wichtig, gewisse Aufgaben abzugeben. Stellen Sie sich die Frage, welche Tätigkeiten Sie gern abgeben möchten! – Vielleicht die telefonische Kaltakquise oder Bürotätigkeiten? Detaillierte Intensivberatungen oder alle Aspekte (steuer-) rechtlicher Aufklärung? Eventuell gibt es Experten in Ihrem näheren Arbeitsumfeld, die diese Aufgaben gern übernehmen.

Virtuelle persönliche Assistenzen können hier von unschätzbarem Wert sein. Ich empfehle Ihnen auch einmal über eine virtuelle Assistenz nachzudenken. Insbesondere kleinere Dinge, die uns schnell die „Zeit" auffressen, können damit gut abgefangen werden. Schauen Sie doch einmal im Netz unter VPA (Virtuelle Persönliche Assistenz) nach. Wenn Sie gleichzeitig noch das Buch von Timothy Ferriss (2011) „Die 4-Stunden Woche" lesen, werden Sie sicher Möglichkeiten finden, wie Sie effizienter arbeiten können und dadurch auch Stressoren verkleinern.

5.2.9 Arbeitsmythen entlarven

Das Thema „Handy" oder Smartphone ist ein leidiges. Seitdem mobile Telefonie als Standard gilt, hat sich auch die Kommunikationskultur diesem unterworfen. Die Option „…ist nicht erreichbar" scheint überholt und unglaubwürdig. Gleichsam zwängen Mythen, die sich an derartige Grundsätze anschließen, jeden in ein Korsett, der sie für wahr hält. „Wer nicht erreichbar ist, hat weniger Erfolg im Beruf!" ist ein solcher Mythos und ebenso wenig wahr wie „Wer nach acht Stunden die Arbeit niederlegt, kann keine Karriere machen!". Glaubenssätze wie diese engen das Denken ein. Gehen wir davon aus, Sie setzen sich das Ziel, maximal acht Stunden täglich zu arbeiten. Welche Konsequenzen ziehen Sie daraus? In meinen Coachings zur Entwicklung von förderlichen Routinen und Gewohnheiten ist dies immer wieder mein Thema – Sie sollten Ihr Zeitmanagement überdenken, Prioritäten (neu) setzen und Lösungen pragmatisch erarbeiten.

Ich möchte Ihnen einen weiteren Tipp geben, wie Sie mit Ihrer Zeit eventuell besser haushalten können. Einer, der aus meiner Sicht wichtigsten Punkte für einen Handelsvertreter ist, die zeitliche Planungslänge eines Kundentermins. Egal was kommt, ich möchte Ihnen ans Herz legen, dass Sie die selbst gewählte Länge unbedingt einhalten. Warum? Nun wenn Sie erkennen, dass Sie die Länge des Termins zu kurz geplant haben und dies in einer Woche beispielsweise häufiger vorkommt, dann liegt hier wahrscheinlich ein Muster versteckt. Es könnte sein, dass Sie sich verquatschen und daher hinterher unter Zeitdruck geraten, es könnte auch sein, dass wirklich so viel ansteht, dann sollten Sie bitte überdenken, ob die Vorbereitung zu einem Termin wirklich gut war. Wie häufig fahren wir zu Terminen ohne wirklich genau abgesteckt zu haben, was das Ziel, das Ergebnis, nach einem Termin sein soll?

Und selbst wenn wir hinfahren, wie häufig klären wir dies nicht zu Anfang eines Gespräches. Mit einer Klärung am Anfang erfolgt auch für beiden Seiten eine Fokussierung auf das Ziel und daher oftmals auch eine konzentrierte und flotte Abarbeitung.

5.3   Die Technik und der Fortschritt

„Es ist nicht viel Zeit, die wir nicht haben. Es ist viel Zeit, die wir nicht nutzen." Dies sagte schon Seneca.

Zeit ist vieles: Ressource, Einheit, theoretisches Konstrukt, Konstante, abhängig, unabhängig… Die einzige Frage, die auf die Zeit bezogen werden kann und nur eine Antwort hat, lautet: „Ist Zeit endlich!?" Die Antwort ist ebenso einfach: „Für uns Menschen schon." – Zeit ist etwas, das immer „da" ist und gleichzeitig nur dann eine Rolle spielt, wenn wir sie wahrnehmen. Hierzu ein Beispiel: Bitte erinnern Sie sich daran, als Sie ein Kind waren: Während des Spielens verflog die Zeit. Tage vergingen wie Jahre und waren keine wirkliche Einheit, anhand derer man das Leben maß. Zeit war nur in bestimmten Kontexten relevant. Hieß es „Wenn die Laternen zu leuchten beginnen, kommst zu essen!", hatte man einen festen Zeitpunkt, nach dem man sich zu richten hatte. Ein Zeitfenster, das es einzuteilen gilt: das entstand erst im Laufe des Erwachsenwerdens.

5.3.1 Mein persönlicher Tagesplan

„Kann nicht!", „Geht nicht!", „Haben wir schon immer so gemacht!": Das sind die „Top 3" der Gründe, aufgrund derer Veränderungsprozesse jeglicher Art stillgelegt werden. Ebenso beliebt: „Wer will, findet Wege. Wer nicht will, Gründe!"[2] Besonders für das Zeitmanagement finden viele Menschen Gründe und Ursachen, die verhindern, dass sie ihr aktuelles Verhalten verändern. Gern angeführt: „Mein Job nimmt mich zu 100 % ein. Wenn ich anschließend heimkomme, muss ich mich um die Kinder kümmern." Hierbei werden Beruf und Familie als Ursachen für den Unwillen angeführt, das persönliche Zeitmanagement zu überdenken. Das ist allerdings schade, sind doch beides Elemente des Lebens, die Freude bereiten sollten.

Aufgrund verschiedener Rhythmen (Öffnungszeiten, Schulzeiten etc.) haben wir uns einen künstlichen Tagesrhythmus geschaffen, der nicht mit unserem natürlichen Leistungsrhythmus konform sein muss. Der nachfolgende Kurztest zielt auf diese Tagesleistung ab. Beantworten Sie die Fragen kurz; wir gehen folgend darauf ein.

1. Wann haben Sie Ihren Leistungshöhepunkt?
2. Wird dieser Leistungshöhepunkt ein weiteres Mal am gleichen Tag erreicht?
3. Wann haben Sie ein Leistungstief?
4. Kennen Sie Ihr „Zwischen-Hoch"?
5. Sind Sie eher ein Eulen- oder eher ein Lerchentyp?

---

[2]Dieser Ausspruch ist einem Autor nicht eindeutig zuweisbar.

6. Halten Sie Ihren biologischen Rhythmus ein?
   6.1. Sofern ja, was hilft Ihnen dabei?
   6.2. Sofern nein, was hindert Sie daran?
7. Wann verspüren Sie energetische Impulse?
8. Wie überwinden Sie Tiefs?
9. Was erleichtert Ihnen wann, Schwankungen auszugleichen?
10. Wie viele Stunden am Tag fühlen Sie sich frisch?

Dieser Kurztest soll als Impuls dienen. Besonders, wenn Sie als Handelsvertreter zu unterschiedlichen Tageszeiten mit einer Vielzahl an Personen sprechen, ist Ihre Tagesform entscheidend. Angenommen, Sie haben Kinder, die morgens versorgt werden wollen, ist es günstig, individuell zu entscheiden: „Jetzt bin ich einmal wach, dann lege ich mir gleich Termine in die Zeit zwischen 8 und 9 Uhr." oder „Meinen Leistungshöhepunkt erreiche ich kaum vor 10 Uhr."

Entsprechend ihrem Biorhythmus ist es für Menschen, deren energetisches Hoch erst im Laufe des Vormittages erreicht wird, ratsam, die Geschäftstermine eher in spätere Vormittags- oder gar in die Mittagsstunden zu legen. Selbst wenn dies nicht regelmäßig umsetzbar ist, sind diese Zeitfenster für jene Personen besonders motivierend und übertragen sich entsprechend auf andere Vorgänge.

Eine weitere Umgangsmöglichkeit mit den eigenen Hoch- und Tiefphasen besteht darin, zu überlegen, was Sie während dieser besonders gut können. Angenommen, Sie arbeiten in den Hochphasen besonders analytisch und in den Tiefphasen kreativ, ist es günstig, entsprechende Tätigkeiten derart zu legen.

5.3.2 Eisenhower-Methode

Eine der berühmtesten Zeitmanagementmethoden ist die nach dem ehemaligen U.S.- Präsidenten benannte Eisenhower-Methode. Ob dieser tatsächlich nach dem Schema arbeitete, das Sie gleich kennenlernen, ist nicht geklärt. Allerdings lässt die Überlieferung auch keinen alternativen Schluss zu. Wichtig ist, dass sie funktioniert und Sie die Strategie individuell auf Ihren Alltag anpassen können.

Die Grundlage(2016)[3] basiert auf der Einteilung der Aufgaben in „wichtige" und „eilige", die entsprechend kombiniert werden (siehe Tab. 5.1).

Das Prinzip erscheint simpel und ist gut geeignet, wenn Sie souverän agieren möchten. Im Bereich des Handels erscheint es mir allerdings klüger, nur die Theorie der Methode zu übernehmen und entsprechend zu detaillieren. Daher ist für Handelsvertreter Tab. 5.2 empfehlenswert.

Inzwischen kenne ich Menschen, denen dieses Prinzip nicht weit genug geht. Nach deren Ansicht, kann der Quadrant A nur dann eintreten, wenn etwas total schief läuft (Krisen). Ansonsten ist aus deren Sicht der Quadrant A leer und sie wandern in den Quadranten C.

Ich empfinde dies als äußerst interessant, denn es zeigt auf, dass wir uns meiner Ansicht nach viel zu häufig mit den Aufgaben beschäftigen, für die wir sonst zu spät dran sind. Deadlines und ähnliches können erst dann anstehen,

---

[3]Vgl. http://www.methode.de/am/zm/amzm002.htm Zugegriffen: 26.09.2016.

Tab. 5.1 Eisenhower-Prinzip nach Wikipedia. (Eigene Darstellung)

	Wichtig	Nicht wichtig
Eilig	A	C
Nicht eilig	B	D

A-Aufgaben erledigen Sie selbst und sofort
B-Aufgaben werden entsprechend zeitlich gesetzt und entweder
selbst erledigt oder delegiert
C-Aufgaben werden grundlegend delegiert
D-Aufgaben entfallen und werden gestrichen

wenn ich im Vorfeld nicht meine Prioritäten festgelegt und ausreichend kommuniziert habe.

5.3.3 Wir delegieren immer!

Wenn Sie aufmerksam die Überschrift gelesen haben, so könnte ich mir vorstellen, dass Sie sagen, der spinnt doch. Das stimmt gar nicht. Das dachte ich bis vor kurzem auch, bis ich einen interessanten Ansatz gelesen habe. Seit dieser Zeit gehe ich wesentlich effektiver mit meiner Zeit um. In dem Buch ging es darum, dass wir immer delegieren – entweder an andere Menschen oder an unsere Zeit.

Wie viel ist unsere Zeit denn wirklich wert? In meinen Beratungen und Coachings komme ich immer wieder darauf zu sprechen. Ganz grob gesagt, können Sie davon ausgehen, dass wenn jemand als Angestellter rund 4500 brutto verdient, dann ist einem Arbeitgeber der Arbeitnehmer rund 1,00 EUR die Minute Wert. Und was sind Sie sich selbst Wert? Wie hoch legen Sie Ihren eigenen Wert fest? Eine Berechnung für diese Aussage können Sie

Tab. 5.2 Eisenhower-Prinzip mit inhaltlichen Aufgaben, eigene Darstellung

	Wichtig	Nicht wichtig
Eilig	A	C
	• Krisen • Dringliche Problem- und Aufgabenstellungen • Kontrollen vor Abgabeterminen • Deadlines	• Zum Teil Post, Anrufe, Meetings • Aufgaben, die mit „liegt bereits sehr lange, ist jetzt eilig" deklariert werden[a] • Angebote • Auftragsverhandlungen
Nicht eilig	B	D
	• Präventionsarbeit • Netzwerken und Beziehungsarbeit • Planung • Erholung • Erarbeitung neuer Möglichkeiten	• zum Teil Post, Anrufe, Meetings • Zeitfresser „muss ich mal noch machen" – Aufgaben[b]

[a]Aufgaben, die lange liegen geblieben waren, sind sehr selten spontan wichtig und eilig. Hätten Sie von grundherauf eine Priorität besessen, wären sie niemals liegen geblieben

[b]Als Handelsvertreter sind Sie stets gefragt, Kunden zu informieren, sich mit Menschen zu treffen und diese für Ihre Produkte zu begeistern. All das kostet Zeit. Aufgaben, die liegen bleiben und mit „muss ich mal noch machen" kommentiert werden, sind nicht wichtig, nicht eilig genug und rauben schlicht die Zeit, die Sie effektiv nutzen können; nicht nur für den Beruf, sondern für Ihre Familie, Freunde und sich selbst

unter www.steffenbecker.com/de/downloads/EffektiveArbeitsminute herunterladen.

Ich hatte vor einiger Zeit mal eine Übung in einem Seminar. Ich wurde gefragt, was mein Stundensatz ist.

Gut dachte ich mir, ich mache das Spiel mal mit und schrieb meinen Stundensatz auf einen Zettel. Dann wurden andere Teilnehmer gefragt, wie sie mich sehen, was ich wohl für einen Stundensatz habe. Spannend war zu erleben, dass die Werte, die von anderen über mich genannt wurden, mehr als doppelt so hoch waren, wie ich mich eingeschätzt habe.

Wenn Sie dies betrachten, dann stellen Sie sich schon die Frage, ob ich so weitermachen möchte wie bisher, oder ob ich mir mal überlege, wer für mich die anfallenden Arbeiten übernehmen kann. Ein, wie ich finde, interessanter Ansatz ist die Überlegung einer Zeitmanagement AG. Ich weiß, dass der nun nachfolgende Ansatz für einige sehr radikal ist, nur bitte ich Sie sich wirklich ernsthaft zu fragen, ob und wie dieser Ansatz, Ihnen Nutzen bringen kann. In dem Ansatz geht es darum, dass Sie sich selbst und alle Personen, mit denen Sie eng zusammenarbeiten, die mit Ihnen in einer Familie sind, als eine Zeitmanagement-AG-Gruppe von Management-Spezialisten betrachten. Diese greifen auf Ihre Zeit zu, planen und regeln Ihre Aktivitäten. Betrachten Sie bitte einmal aus der Vogelperspektive, wie sich das Verhalten der Personen um sie herum auf Ihre Zeitnutzung auswirkt, und umgekehrt wie sich Ihr Verhalten auf die Zeitnutzung der anderen Person auswirkt. Möglicherweise kommen Sie hier zu Ideen, damit durch spezifische Maßnahmen eine Verbesserung der Beziehung erreicht werden kann.

Falls ich mich dazu entschließe zu erledigende Dinge an andere Menschen zu delegieren, so ist es wichtig, diese delegierten Aufgaben im Blickfeld zu haben. Wenn ich diese auf meiner To-do- Gesprächsliste habe, ist es eine der besten Möglichkeiten, um den Assistenten, den Mitarbeitern Feedback geben zu können und um Menschen bei deren Entwicklung zu unterstützen. Wertschätzende Anerkennung für geleistete Arbeit, ist ein mächtiges Werkzeug auch für die eigene Arbeitsentlastung. Daher gebe ich Ihnen auch ein Formular (siehe Abb. 5.1) an die Hand, wie Sie Delegieren einfach und wertschätzend vollziehen können.

Auf der ersten Seite geht es darum herauszufinden, was für Tätigkeiten Sie haben und welche wirklich delegiert werden können. Ich höre sehr oft: „ich muss das selber machen". Ist das wirklich so? Angenommen, was keiner von uns hofft, sie wären verhindert durch einen schweren Unfall oder Krankheit und hätten keine Kommunikationsmedien, wie würden Sie Ihre Tätigkeiten strukturieren? Ich nehme an, Sie werden jetzt erkennen, dass es dann doch irgendwie geht.

Auf der zweiten Seite (vgl. Abb. 5.2) geht es darum, die Delegation richtig durchzuführen und nach Erledigung die Chance zu nutzen sowohl sich selbst als auch die Mitarbeiter wachsen zu sehen und einen Beitrag zum Fortschritt Ihres Unternehmens wahrzunehmen.

Selbstverständlich können Sie auch dieses Formular aus dem Netz herunterladen. Unter:

www.steffenbecker.com/de/downloads/Delegationsplanung bekommen Sie die Datei im Excel-Format zum Weiterbearbeiten.

Delegation einfach gemacht

Schritt 1: Identifizierung von Tätigkeiten die delegiert werden können

Von mir erledigte Tätigkeiten ...			... die Andere ... erledigen können		
genaue Tätigkeit	Investierte Zeit	besser	in weniger Zeit oder zu geringeren Kosten	für Zwecke ihrer Weiterentwicklung	WER? Manager der Zeitmanagement AG

Schritt 2: Festelgung wer wann und wieviel einzelne Aktivitäten ausführen darf

1.) Eintragen der Mitglieder der Zeitmanagment AG (WER)

2.) Festlegen der Tätigkeiten (Privat und Beruflich)

3.) Festlegen des Freiheitsgrades für die Ausführung der Handlungen je Person (siehe nachfolgend Freiheitsgrade)

4.) Festlegen, ob und welcher Freiheitsgrad die Mitglieder der Zeitmanagement AG haben sollen

Freiheitsgrade:

1 = handeln und routinemäßig Feedback geben   3 = Freigabe einholen, dann handeln

2 = handeln und unverzüglich Feedback geben   4 = Warten, bis Anweisung erfolgt

Tätigkeit bitte spezifisch benennen	Name Georg		Name Anne		Name		Name		Name	
	im Moment	in Zukunft	im Moment	in Zukunft	im Moment	in Zukunft	im Moment	in Zukunft	im Moment	in Zukunft
Bsp. Rechnung schreiben	4		3	2						
Bsp. Prod.-Stücklisten erstellen	2	1	X							

www.steffenbecker.com

Abb. 5.1   Delegationsplanung Seite 1. (Eigene Darstellung)

Schritt 3: Delegationsplan erstellen (Ableitung aus Schritt 2)

Delegationsplan		
Zu delegierende Tätigkeit:	An:	
Mein Nutzen:	Nutzen des Ermächtigten:	
Schritte zur Erfüllung der Aufgabe / Tätigkeit:	Termin:	Erledigt am:
1.		
2.		
3.		
4.		
5.		
6.		
7.		
8.		
9.		
10.		

Schritt 4: Feedback - Kritik und Lob und eigene Reflektion über Qualität der Delegation

Feedback nach Delegation			
Datum	Anerkennung / Lob ausgesprochen genau benannt? Was genau?	Coching des MA zur Unterstützung und Verbesserung	Meine Optimierungs-möglichkeiten

www.steffenbecker.com

Abb. 5.2 Delegationsplanung Seite 2. (Eigene Darstellung)

5.3.4 Das Pareto-Prinzip

Seinen Ursprung hat das Pareto-Prinzip von dem Italienischen Ökonom und Soziologen Vilfredo Pareto. Um
1906 untersuchte er die Verteilung des Volksvermögens in
Italien mit dem Ergebnis, dass 80 % dessen bei 20 % der
italienischen Familien konzentriert war. Daraus folgerte er,
dass die Banken ihre Prioritäten auf die Reichen legen sollten, um mit diesen 20 % einen höheren Ertrag zu erzielen,
als bei der Auseinandersetzung mit dem Volumen der restlichen Bevölkerung.

Das Prinzip, welches eine Ungleichverteilung beschrieb
wurde auf verschiedene Bereiche übertragen und in diesen untersucht. So gibt es Unternehmen, in denen nur ein
Fünftel der Vertriebsmitarbeiter vier Fünftel des Umsatzes
erwirtschaften.

Bezogen auf die Produktivität eines einzelnen kann
angewendet werden, dass dieser in 20 % der ihm zur
Verfügung stehenden Arbeitszeit 80 % seines Aufgaben-
pensums erledigt. Das restliche Volumen füllen viele Menschen mit weniger wichtigen Teilaufgaben, verlieren sich
in Details oder pausieren ineffektiv. Kurzum: Häufig erreichen wir überdurchschnittlich gute Ergebnisse nicht durch
Perfektion und 100 %-igen Einsatz. Oder nach Pareto
sogar nur mit 20 % unserer Ressourcen (Mai 2010).

Aber Vorsicht:
Das Pareto-Prinzip wird häufig missverstanden. Es geht
darum, sich auf Effektivität zu konzentrieren. In vielen Bereichen des Lebens genügt es nicht, nur 80 %
des gewünschten Ergebnisses zu erreichen. Mit 80 %

Gesundheit, 80 % Umsatz oder 80 % Anwesenheit werden keine Geschäfte generiert, die mittelfristig Erfolg versprechen. Stattdessen ist es notwendig, zu überlegen, an welchen Stellen wir volle Leistung geben. Bitte stellen Sie sich vor, wie ausgefeilt eine Produktpräsentation sein muss, um erfolgreich zu sein? Ist die PowerPoint-Präsentation „so" wichtig"? Geht es um das Produkt? Sind Sie der Mittelpunkt der Präsentation? Entsprechend Ihrer Antwort sollten Sie den Fokus legen. Für die anderen Aspekte ist nur eine geringere Ressourcenaktivierung notwendig.

Das Pareto-Prinzip dient als Anreiz, sich nicht im Perfektionismus zu verlieren. Stellen Sie sich die Frage, was Ihr Gegenüber als angenehm empfinden könnte. Nutzen Sie Ihre Zeit, um diese Wünsche zu erfüllen und Sie werden bemerken, dass Sie damit den größten Nutzen für alle Parteien erzielen werden.

Literatur

Ernst L (2010) Otto for President. Die wahre Geschichte eines Präsidenten, der nicht von Hexen, Knorxen und Drachen träumen durfte. Novum, Berlin, S 60

Ferriss T (2011) 4 Stunden Woche. Ullstein Taschenbuch Verlag, Berlin

Hüfner D (2016a) „13 Uhr: Mittagessen vor dem Bildschirm": Ein Tag im Leben von Spottster-Gründerin Freya Oehle. http://t3n.de/news/ein-tag-im-leben-freya-oehle-spottster-671137/?utm_content=buffer4ae48&utm_medium=social&utm_source=facebook.com&utm_campaign=buffer. Zugegriffen: 15. Febr. 2016

Hüfner D (2016b) „8 Uhr: Der iPhone-Wecker klingelt": Ein Tag im Leben des Startup-Investors Frank Thelen. http://t3n. de/news/ein-tag-im-leben-frank-thelen-671125/. Zugegriffen: 15. Febr. 2016

Mai J (2010) Pareto Prinzip: Die Gefahr der 80–20-Regel. http:// karrierebibel.de/pareto-prinzip-8020-regel/. Zugegriffen: 26. Sept. 2016

Meyer PJ (2009) LMI Kursunterlage EPP – Persönliche Produktivität. Waco

PONS (Hrsg) (1986) Wörterbuch für Schule und Studium. Lateinisch – Deutsch. PONS, Stuttgart, S 728

Wikipedia, Die freie Enzyklopädie (Hrsg) Eisenhower Prinzip. https://de.m.wikipedia.org/wiki/Eisenhower-Prinzip. Zugegriffen 9. Apr. 2017

6

Tipps & Tricks damit Sie weniger Stress haben

6.1 Entspannung im Auto

Der Slogan „Die Freiheit nehm' ich mir!" ist ein wohlbekannter der Marketingstrategie rund um das Kreditkartenunternehmen VISA. Dass dieses Motto nicht nur eine Marke definieren, sondern auch dazu dienen kann, es in einen Glaubenssatz umzuwandeln, dürfen Sie gern selbst probieren. Bitte versetzen Sie sich dazu in folgende Situation:

Es ist 7 Uhr morgens. Sie haben bereits Kaffee getrunken oder Ihren morgendlichen Tee genossen. Im Bad waren Sie und sind gerade noch dabei, gedanklich Ihre Termine durchzugehen: „Okay! – Schlüssel, Portemonnaie, Schreibunterlagen: Hab ich. Handy? – Hab ich auch. Kann losgehen." Sie setzen sich ins Auto, fahren

© Springer Fachmedien Wiesbaden GmbH 2017
S. Becker, *Der Anti-Stress-Trainer für Handelsvertreter*,
DOI 10.1007/978-3-658-12454-0_6

zum ersten Kunden. 8.25 Uhr Ankunft, Kleidung sitzt. Kann losgehen. motiviert ins erste Kundengespräch. Sie präsentieren Ihr Produkt, der Kunde ist zufrieden, unterschreibt einen Kaufvertrag und Sie beginnen planmäßig 10 Uhr mit der Weiterfahrt. Ihr Handy klingelt. Ihr Zeitplan wird durch diesen Anruf komplett überworfen, da der 15 Uhr-Termin abgesagt wurde, außer, Sie schaffen es, um 13 Uhr bei eben diesem Kunden zu sein. „Kein Problem!", sagen Sie und richten sich gedanklich darauf ein, Ihren 11 Uhr-Kontakt wahrzunehmen, aber aufgrund der Terminverschiebung das Mittagessen ausfallen zu lassen. In Folge des 11 Uhr-Termins klingelt im Auto ständig das Telefon, Sie managen während der Fahrt weitere Termine und Bestellungen, sind pünktlich um 13 Uhr beim Kunden und um 14.30 Uhr wieder raus – Zeit im Auto. Zwei Möglichkeiten:

Option A: Sie telefonieren weiter, um alle kürzlich eingegangenen, aber nicht angenommenen Anrufe zu bearbeiten. Vielleicht schaffen Sie es noch auf dem Rückweg, etwas einkaufen zu gehen. Notwendig wäre es; immerhin haben Sie Hunger.

Option B: Sie nehmen sich 10 min für sich allein und entspannen komplett.

Die Entscheidung liegt bei Ihnen. Ich möchte Ihnen nur zu bedenken geben, dass viele erfolgreiche Menschen die Meditation in ihren Tagesablauf integriert haben. Also warum nicht auch einmal im Auto dies tun? Es liegen ja bereits mehrere Studien vor, die den großen Nutzen der Meditation bestätigen.

6.2   Wasser trinken

Sie als Handelsvertreter sind oftmals mit dem Auto unterwegs. Nicht nur für das Autofahren, aber auch deshalb, habe ich das Kapitel Wasser hier eingepflegt. Unser Körper besteht zu 70 % aus Wasser. Unser Hirn sogar zu 90 %. Was meinen Sie: Wie wichtig ist es, regelmäßig und vor allem genügend Wasser zu trinken? Sind die laut Volksmund notwendigen 2–4 L ausreichend?

Alle Vorgänge in unserem Körper sind möglich, weil Wasser den Zellen die notwendigen Nährstoffe zuführt. Über die Haut verlieren wir täglich mehrere Liter Wasser; ganz abgesehen von den Phasen, in denen wir uns sportlich betätigen. Sicherlich stimmen Sie zu, dass Sie aus eigener Erfahrung berichten können, wie sich nervenaufreibende Begebenheiten, Stress im Beruf und langwierige Vorgänge zu einer verstärkten Produktion von Schweiß führen – all das ist Wasserverlust. Die Reaktion, in einer „ruhigen" Minute zum Kaffee oder einer Zigarette zu greifen, ist den modernen Gewohnheiten geschuldet. Allerdings verlieren wir während einer Stressphase weder Nikotin noch Koffein. Wir verlieren Wasser und verbrennen Nährstoffe. Auch andere Getränke bieten uns die Möglichkeit, Wasser zuzuführen, doch beinhalten sie Substanzen wie raffinierten Zucker oder Milcheiweiße, die unser Körper abbauen muss. Reines Wasser hingegen kann direkt aufgenommen und genutzt werden. Als Regel darf man sich merken: 30–40 ml Wasser pro Kilo Körpergewicht sollten täglich als Minimum getrunken werden. Eine Person mit einem Körpergewicht von 70 kg sollte demnach täglich zwischen 2,1 bis 2,8 L Wasser trinken (Fersch 2012). Beginnen Sie mit dem Wassertrinken bereits unmittelbar nach dem Aufstehen. Es ist wichtig, dass Sie dem Körper nach der Nacht, in der Sie ebenfalls Wasser verlieren, dieses wieder zuführen. Auch wenn es möglicherweise zu wenig ist, empfehle ich Ihnen ein volles Glas sofort zu trinken.

Für den Tagesablauf ist es wichtig, dass Sie sich auf Ihr Leistungsniveau einstellen: Je mehr Sie agieren, umso mehr sollten Sie trinken. Achten Sie auf Ihr Durstgefühl und stillen Sie es. Im Auto in Ruhe einige Schlucke Wasser zu trinken hilft, den Stresspegel zu senken und ein eventuell übergangenes Durstgefühl zu befriedigen. Also nehmen Sie sich jeden Tag, den sie unterwegs sind eine 1,5 L Flasche gefüllt mit Wasser mit ins Auto und trinke diese. Sie leisten einen großen Beitrag für Ihr Wohlbefinden.

6.3   Sich sinken lassen

Ich selbst bin ein leidenschaftlicher Golfspieler. Was Sie und ich uns von professionellen Golfspielern abschauen können, ist die Fähigkeit sich zwischen den Schlägen zu entspannen und zum nächsten Schlag wieder hoch konzentriert zu sein, um sich danach wieder zu entspannen. Machen Sie sich dies auch für Ihre Tätigkeit im Außendienst zu Nutzen.

Denken Sie beispielsweise bewusst daran, sich gleich vor oder nach einem Termin 10 min nur für sich zu nehmen. Sagen Sie sich: „Die Zeit nehm' ich mir!" und lassen Sie sich ruhig in den Sitz Ihres Autos sinken.

Diese kleine Übung bewirkt für Ihren Körper etwas Großartiges. Während Sie unter Stress stehen, spannen sich verschiedene Muskelgruppen an. Nährstoffe werden verbrannt, Wasser ausgeschieden, Hormone ausgeschüttet. Ihr Körper regelt nur noch die wichtigsten Aspekte und Ihr Kopf reagiert ausschließlich auf das, was relevant erscheint. Kurzum: Sie sind hoch konzentriert. Einige Zeit später sitzen Sie im Auto und nichts hat sich geändert, obgleich die Situation, in der Ihre Konzentration wirklich notwendig war, bereits vorüber ist. Und genau um dies zu verhindern, hilft die nachfolgende

Übung:

Lassen Sie sich nun in den Sitz sinken, entspannen Sie Ihre Muskeln. Ihr Unterbewusstsein bekommt – vereinfacht ausgedrückt – das Signal: „Alles okay. Gefahr vorüber!" Dadurch entlastet auch der Geist, der zudem das laut ausgesprochene „Die Zeit nehme ich mir!" zu hören bekommt. Diese kleine Autosuggestion lässt sich beliebig wiederholen und wird mit etwas Übung auch in Meetings und anderen Situationen anwendbar sein, in denen Sie die Möglichkeit und die Zeit finden, sich zurückzulehnen, weil Ihre volle Aufmerksamkeit nicht benötigt wird.

6.4 Genuss für zwischendurch

Genuss ist ein Thema, dessen Bedeutung weitreichend besprochen und beschrieben worden ist. Es existieren zu dem Thema allerdings nur wenige wissenschaftliche Studien. Ist Genuss angeboren? Muss Genuss erlernt werden?

Nehmen Menschen Genuss und Genüsslichkeit unterschiedlich wahr? All diese Fragen sind im Laufe vieler Jahrzehnte aufgegriffen worden. Doch nur eine soll hierbei beantwortet werden: Kann Genuss zur Entspannung beitragen? Ja, er kann.

Genuss selbst ist eine Empfindung, die mit körperlichem und/oder geistigem Wohlgefühl in Verbindung steht. Häufig assoziieren wir Genuss mit Nahrungsmitteln wie Schokolade, Kaffee, Tee oder Wein. Aber auch Massagen, Saunagänge, Wellness im gesamten, eine Zigarette, Musik oder das Lesen eines guten Buches können als Genuss verstanden werden. Angenommen, Genuss sei etwas Individuelles, dann ist die Grundvoraussetzung zur Wahrnehmung dieser Empfindung, dass ein Genussmittel sinnlich wahrgenommen werden kann. Beispielsweise bringt es jemandem nichts, an einem Parfüm zu riechen, wenn er unter Schnupfen leidet. Wahrnehmung hängt allerdings auch damit zusammen, ob jemand psychisch aufnahmebereit ist. Steht unser Körper unter Stress, werden alle Sinne geschärft. Allerdings ist unsere mentale Fähigkeit, etwas als angenehm zu empfinden, zu dem Zeitpunkt stark eingeschränkt. Im Stadium extremer Anspannung sind wir kaum in der Lage, Genussmittel mit den entsprechenden Emotionen zu verbinden. Daher gilt es, sich mithilfe einiger Regeln den Genuss zum Werkzeug zu machen.

Genuss braucht Zeit
Befinden Sie sich nach einem Kundentermin im Auto und nehmen sich die zehn Minuten, die Sie zum Entspannen brauchen, können Sie mit der Genussübung beginnen. Durch das Lockern der Muskulatur und dem Schaffen

eines Zeitfensters ermöglichen Sie Ihren Sinnen, frei wahrzunehmen und Eindrücke mit positiven Gedanken zu verbinden.

Auch ein Genussmittel sollte seine Zeit brauchen. Und
zwar eine bewusste Zeit. Auf das Thema Genussmittel
gehe ich gleich noch etwas ein, nur soviel – erlaubt ist, was
in Maßen ist und wovon sie wirklich bewusst eine Befrie-
digung erhalten. Ich beispielsweise rauche gerne mal eine
Zigarre. Wenn ich dies tue, dann werde ich gefragt wie viel
ich rauche. Nun ich schätze über das gesamte Jahr sind es
rund 15. Also nicht zu viel und immer nur so viel, dass ich
Sie genießen kann. Für mich das Schöne an Zigarren ist
in diesem Zusammenhang eine Aussage eines Lieferanten:
„Eine Zigarre, kannst Du nicht mal schnell im Vorbeigehen rauchen. Dazu braucht es Zeit. Ähnlich wie ein Glas
guter Rotwein, wenn ich anfange diesen hinunter zu stür-
zen, dann war es das mit dem Genuss."

Genuss muss erlaubt sein

„Das kann ich jetzt nicht!" ist die Killerphrase Nummer
eins für alles, was entspannen kann. Stress entsteht durch
Grenzen und Verbote. „Müssen" und „Nicht können"
stehen hierbei auf der gleichen Stufe der Einschränkung.
Gönnen Sie sich in Ihrer Freizeit (… Auch die 10 min
im Auto sind Freizeit.) die Freiheit, genießen zu dürfen.
Genuss braucht nicht irgendeine Zeit. Genuss benötigt
seine Zeit.

Genuss geht nicht nebenbei

Sie trinken Ihren ersten Kaffee oder Tee des Tages am
Schreibtisch, während Sie Mails lesen? Dann geht es Ihnen

wie vielen anderen auch. Das erste Heißgetränk des Tages dient häufig als Muntermacher. Dagegen ist kaum etwas einzuwenden, wäre Kaffee/Tee Nummer zwei nicht dem gleichen Ritual unterzogen. Hierzu ein Vorschlag: Wenn Sie überlegen, sich auf einer Fahrtstrecke oder in Folge eines Meetings einen Kaffee/Tee zu gönnen, verbinden Sie diesen mit einer Auszeit. Riechen Sie die Aromen heraus, nehmen Sie den heißen Dampf wahr, spüren Sie die Wärme des Bechers und nehmen Sie sich die Zeit, die Farbe des Getränks in Ruhe zu betrachten. Sie werden bemerken, dass es anders riecht, anders schmeckt und anders wirkt als jener Kaffee/Tee, den Sie normaler Weise nebenbei getrunken hätten. Wichtig ist auch der Effekt: Dadurch, dass Sie sich mit allen Sinnen dem Heißgetränk widmen, lenken Sie sich ab und richten Ihre Aufmerksamkeit vollständig auf etwas, das weder Gefahr noch Stress bedeutet.

Wissen, was einem guttut

Manche Menschen sprechen davon, dass sie Schokolade mögen und diese genießen können. Andere empfinden dies bezogen auf einen trockenen Rotwein und wieder andere sprechen so über eine sportliche Aktivität. Sicherlich gibt es viele Empfehlungen, allerdings sind Sie die einzige Person, die wirklich weiß, was Sie genießen können, weil es Ihnen guttut.

Weniger ist mehr

Genussmittel sind nur so lange besonders, bis sie als etwas Normales gelten. Finden Sie Ihr persönliches Maß und enden Sie, wenn Sie merken, dass Sie vollständig befriedigt sind, Ihr „Highlight" zu genießen.

6.5 Problembox-Methode

Jeder von uns hat einmal irgendwelche Probleme oder wie es in der Sprache der Coaches und Trainer heißt Herausforderungen. Wichtig ist einmal zu reflektieren, woher diese denn stammen, denn nicht immer ist das Offensichtliche auch das Ursprüngliche.

6.5.1 Problemkern identifizieren

Der schlimmste Tag

… hat irgendwann begonnen und wird ebenso auch wieder enden.

Wissen Sie, was eine Matroschka ist? – Sicher haben Sie so was schon einmal gesehen. Es handelt sich um hölzerne Puppen, die oftmals mit russischen, polnischen oder böhmischen Mustern hübsch verziert sind und jeweils in ein Ober- und ein Unterteil geteilt werden können. Die Puppenkörper sind hohl, sodass in einer großen Puppe eine kleinere Puppe gleichen Aussehens Platz findet. In dieser ist eine weitere, kleinere Puppe verborgen, usw. Ähnlich dem Matroschka-Prinzip funktionieren viele unserer Probleme: Das Kernproblem ist häufig weit von dem entfernt, welches wir nach außen tragen und auf das wir (scheinbar) reagieren.

Stellen Sie sich bitte folgendes vor: Ein Mann steigt morgens leicht verkatert aus dem Bett, da am Vorabend das Fußball-Champions-League-Finale übertragen wurde und er mit den Kumpels ein oder zwei Bier (mehr) trinken war. Die Bayern haben verloren und Manchester konnte das Spiel für sich entschieden. Er war sauer, unentspannt und angeheitert ins Bett gegangen. Morgens, verkatert aufgewacht, tritt er als erstes in die unglücklich abstehende Gürtelschnalle, die er am Bett hatte fallen lassen, als er sich selbst in eben jenes fallen ließ. Der Fuß schmerzt. Genervt humpelt er zur Kaffeemaschine und realisiert, dass er keinen Kaffee mehr im Haus hat. Die Stimmung ist im Keller. Entnervt tingelt der Mann ins Bad, schneidet sich beim Rasieren, verflucht die Welt, welche er stellvertretend für sein Unglück verantwortlich macht und steigt ins Auto. Während des Einsteigens reißt seine Jeans im Schritt. Allerdings ist es bereits zu spät, um die Hose zu wechseln. Auf dem Weg zum ersten Kunden nimmt ihm irgendein Typ den letzten Parkplatz neben der Fußgängerzone weg, obwohl der doch seiner Meinung nach gar nicht das Recht dazu hat. Er steigt aus und unser Protagonist faltet den Fahrer verbal zusammen und wird dafür mit einer Abmahnung in Form von Kopfschütteln seitens der umherlaufenden und -stehenden Personen „belobigt". – Den Ausgangspunkt für den emotionalen Ausbruch findet man nicht in der Parkplatzsituation oder dem Fahrer des anderen Fahrzeuges. Er liegt emotional begründet weiter verborgen. Mag es sein, dass sich der Mann beim Fußballschauen emotional ausleben wollte und die Hoffnung auf emotionale Erfüllung nicht gegeben wurde oder er eben jenes Glückgefühl mit den Kumpels gebraucht hätte, weil andere Dinge gerade nicht so liefen, wie er es sich wünschte. Des Pudels Kern liegt ähnlich einer Matroschka viel tiefer verborgen, als es anfänglich scheint und baut sich häufig durch viele Kleinigkeiten von innen nach außen auf.

Unser Körper reagiert

Vor einigen Jahren kam einmal eine sehr enge Freundin auf mich zu und schilderte mir, dass der momentan auf sie einwirkende Stress besonders schwer zu ertragen sei. So schwer, dass sie neurodermale Ausschläge an den Händen und den Augenliedern bekam, kaum noch schlafen konnte und nach und nach immer mehr bemerkte, wie wenig sie sich über Dinge freuen konnte. Die ersten Symptome einer Depression? Möglich wäre es gewesen, aber um eine derartige Diagnose auch nur im Ansatz annehmen zu können, fehlt es an Beweisen und Fachwissen. Sie erzählte, dass die Abschlussarbeit und die Prüfungsvorbereitungen sie so sehr mitnahmen, dass sie immer mehr in sich zusammenfiel. Nach einigen Ansätzen fragte ich, was sie befürchtete und so kamen wir von Versagensängsten auf das Gefühl, nicht anerkannt zu werden, auf ihren Freund und sein Verhalten ihr gegenüber. Sie stellte fest, dass sie sich wesentlich mehr Unterstützung wünschte, er ihr diese aber nicht eindeutig vermittelte. Sie sprach mit ihm darüber, da es bereits viele Wochen andauerte. Aus dem Gespräch ging nicht nur eine Trennung hervor, da ihr damaliger Freund ihr offenbarte, sie nicht mehr zu lieben. Infolge der Trennung verschwanden die körperlichen Symptome, da sich meine Freundin wieder auf sich selbst und ihre Arbeit konzentrieren konnte. Ferner nahm sie umso mehr die Wertschätzung ihrer Familie und ihrer Freunde wahr. Die Fixierung auf eine Person war weg und damit auch die Auswirkungen, die diese aufbaute.

Die beiden Beispiele sollen verdeutlichen, welche Entwicklung ein Problem nehmen kann. Es können unerfüllte Wünsche, Träume oder Illusionen sein; versteckte

Emotionen und ungeklärte Erwartungen, die man unterdrückt und immer weiter aufbauscht. Irgendwann passt man sein Verhalten an und es bauen sich mehr und mehr Konflikte um den Kern auf, bis man den Kern nicht mehr erkennt und auf Kleinigkeiten anspringt, die normalerweise völlig irrelevant gewesen wären.

6.5.2 Das Fünf-Boxen-System

Um diese versteckten Probleme bzw. ursprünglichen Auslöser von Konflikten zu bearbeiten, wurde das „Boxensystem" entwickelt. Es funktioniert ähnlich der Matroschka, nur mit kleinen Kartons. Sie können beispielsweise in Deko-Läden oder einem bekannten skandinavischen Einrichtungshaus mehrfach ineinander gestapelte Boxen kaufen. – Wie arbeiten Sie damit? Sie nehmen die Boxen auseinander und stellen Sie abgedeckt nebeneinander auf einen Tisch. Nun schreiben Sie auf einen Zettel, was Sie in dem Moment des Nachdenkens und „In-sich-hinein-Fühlens" stört und verstauen diesen Zettel in der größten Box. Nun überlegen Sie, worauf sich dieses Problem aufbaut. Sie gehen also einen Schritt innerhalb der Problemgeschichte zurück, definieren das ältere Problem und schreiben es auf einen Zettel. Dieser kommt in die nächstkleinere Box. Das Vorgehen wiederholen Sie, bis Sie beim Kernproblem angelangt sind. Das können Sie so lange tun, bis Sie entweder keine aufgebauschten Probleme mehr haben oder zu einem Punkt kommen, an dem Sie mit der Problemklärung ansetzen möchten. Meistens geht das recht schnell und ermöglicht, auch weiterführende

Probleme zu lösen. – Im Übrigen ist das auch eine wundervolle Methode, Teamprobleme zu lösen. Wenn zwei Mitarbeiter Ihrer Vertretung miteinander ein Problem haben, kann man vom momentan bestehenden zum davorliegenden usw. gehen, bis der Kern gefunden wird. Sind es einfache Antipathien, kann man denen durchaus auf den Grund gehen, sollte aber eines immer beachten: Sie sind keine Psychotherapeuten! Stellen Sie ein wirklich tief greifendes Trauma fest, empfiehlt es sich, einen Fachberater aufzusuchen.

Bemerken Sie, dass Sie oder ein Kollege tief greifende Probleme haben oder gar eine Krankheit vorliegt, konsultieren Sie bitte einen Spezialisten! Die Box-Methode dient dazu, sein eigenes Verhalten zu ergründen und auf ursächliche Probleme zu kommen, ohne gleich einen Mediator oder Juristen hinzuzuziehen. Ferner sind nicht alle Probleme mit Kindheitstraumata oder ähnlichem verbunden. Manchmal hat Person A Person B auch einfach nur schief angeschaut und aus einem Missverständnis innerhalb der nonverbalen Kommunikation wurde nach und nach ein handfester Streit.

Umsetzung:

1. Überlegen Sie bitte, welches für Sie negative Verhalten Sie vor kurzem an den Tag legten, das durch etwas Banales ausgelöst wurde.
2. Hat dieses Verhalten einen Hintergrund? Liegt dem Verhalten und dem Anlass ein anderes Problem zugrunde? Was war vorher passiert? Wieso meinen Sie, dass es ausgerechnet Ihr Problem ist? Wiederholen Sie den Schritt so lange, bis Sie eine Ursache für Ihr schlechtes Gefühl

oder das Problem gefunden haben. Stellen Sie immer wieder die Frage nach dem Warum!

3. Hat auch dieses Problem einen Kern?
4. Wie gehen Sie mit dem Wissen um, dass ihr neuerliches Verhalten einen ganz anderen Ursprung hat? Was möchten Sie nun anders machen?
5. Schreiben Sie nun folgend noch ein Problem auf, dass Sie mithilfe der Boxmethode angehen möchten und setzen Sie es alsbald um!

Die Box für unterwegs(?)

Neudeutsch hieße die Methode wohl „Box to go", allerdings erscheint es etwas eigenwillig, eine kleine Version der ineinander stapelbaren Boxen mit sich herumzutragen. Stattdessen empfiehlt sich gerade in Stresssituationen etwas bei der Hand zu haben, das einem vor Augen hält, wie wichtig es ist, nicht gleich die Fassung zu verlieren, wenn sich ein unschönes Gefühl einstellt. Matroschkas gibt es in Souvenirläden weltweit in kleinen Varianten. Diese im Auto zu haben kann ein angenehmer Anker sein: Angenommen, Sie kommen von einem Kundentermin, der sich als wenig gewinnbringend herausstellte. Oder Sie trafen auf eine Ihnen unangenehme Person, die irgendetwas in Ihnen auslöste. All das sind nur die oberflächlichen Eigenschaften einer wohl tiefer gehenden Angelegenheit. Der kleine Gedächtnisanker kann helfen, sich daran zu erinnern, dass Stress, welcher mit Emotionen wie Wut und Angst zusammenhängen kann, nur ein Symptom ist. Sie haben mit dem Anker die Wahl, sich zu entscheiden: Möchte ich diesem Stress Platz in meinem Leben geben? Möchte ich mich aufregen und kostbare

Zeit verschwenden? Oder möchte ich mich entscheiden: Das Problem erforschen oder beiseite legen?

Nicht immer führt die Beobachtung eines Gefühls nach dem Matroschka-Prinzip zu einem wirklich tief greifenden Problem. Häufig löst es sich auf, weil man feststellt: So schlimm ist es doch gar nicht. Viele Aufreger lösen sich in Wohlgefallen auf, weil weder die Person, die den Stress auslöste, noch die Situation um diese Person herum weitreichende Auswirkungen hat.

Ferner können Sie sich einer Sache immer bewusst sein und darauf vertrauen: Jeder Mensch funktioniert wie eine Steckpuppe: Die Fassade, die wir nach außen tragen, basiert auf tiefer liegenden Eigenschaften, Erfahrungen und Emotionen. Diese möchten nur wenige Menschen teilen, weshalb ihr Verhalten nicht das widerspiegelt, was sie tatsächlich denken und empfinden. Das Schützen des Inneren wird uns im Laufe unserer Erziehung mitgegeben. Überlegen Sie also, wenn jemand, unfreundlich zu Ihnen ist, ob es tatsächlich an Ihnen liegt oder Ihr Gegenüber, matroschkagleich, etwas zu verbergen versucht. Sofern ja, brauchen Sie sich nicht zu sorgen und können stressfrei mit dem anderen arbeiten.

Literatur

Fersch B (2012) Trinken. Hören Sie auf Ihr Durstgefühl. www.apotheken-umschau.de/Ernaehrung/Trinken-Hoeren-Sie-auf-Ihr-Durstgefuehl-191765.html. Zugegriffen: 28. Sept. 2016

Schlusswort & Danksagung

In den vorliegenden Seiten habe ich viele Tipps aufgezeigt, mit welchen Mitteln Sie Ihren Stress reduzieren können. Ich wünsche mir sehr, dass Sie schnellstmöglich damit beginnen, ein oder maximal zwei Dinge davon umzusetzen – in das tägliche Tun. Bitte nicht mehr, denn zu viel Neuerungen auf einmal bietet keinem von uns die Chance, dass sich die Dinge in die gewünschte Richtung verändern. Wir sollten unseren neuen Routineabläufen und Gewohnheiten mehr Gelegenheit geben, sich herauszubilden und zu stabilisieren und dies geht nun einmal nicht mit zu vielen Dingen gleichzeitig.

So unterschiedlich die Menschen sind, so unterschiedliche Tipps habe ich den namentlich frei erfundenen Protagonisten gegeben.

© Springer Fachmedien Wiesbaden GmbH 2017
S. Becker, *Der Anti-Stress-Trainer für Handelsvertreter*,
DOI 10.1007/978-3-658-12454-0

Im Eingangskapitel habe ich Ihnen drei Beispiele vorgestellt, die ich entweder selbst oder andere Handelsvertreter erlebt haben. Ganz alltägliche Dinge. Gerne möchte ich Ihnen mitteilen, was ich mit meinen Klienten beispielsweise unternehme, damit kein Stress aufkommt. Bei Wolfgang, dem Driver aus dem Einführungskapitel ist es die 4-A Strategie. Sie würde Wolfgang verhelfen, die Dinge gelassener zu sehen.

Da Anette, die Empathische, die Herausforderung hat, wie Sie mit der Situation der Terminverschiebung umgehen soll, habe ich ihr damals empfohlen so zu verfahren, wie ich es in der Stillen Post in dem Kapitel Arbeitsverdichtung geschrieben habe.

Damit Fritz, der Verzweifelte, aus seiner Stresssituation herauskommen kann, halte ich es für sinnvoll zuerst die Sinnfrage zu klären, um im Anschluss die Problembox-Methode durchführen zu können.

Wie Sie aus meinen Ausführungen entnehmen, sind die Tipps nicht immer gleichermaßen anwendbar. Es sollte zu Ihrer Situation, zu Ihnen als Mensch und als Typ passen und Sie sollten sich damit wohlfühlen.

Ich wünsche Ihnen, liebe Leserinnen und Leser, dass Sie eine möglichst stressfreie Zeit haben und freue mich über Ihre Rückmeldung, ob und inwieweit Ihnen dieses Buch dabei geholfen hat, manche Dinge für Sie besser zu machen.

Wenn Sie ein Buch über Anti-Stress schreiben, dann gilt das auch für Sie als Autor. Es kommt darauf an, auch stressfrei das Buch schreiben zu können. Damit dies zum größten Teil gelingen konnte, hatte ich Menschen um mich herum, die mich unterstützt haben, denn es gibt Menschen, die wichtig sind, um ein Buch schreiben zu können und zu dürfen. Diesen möchte ich hier einfach einmal Danke sagen.

Ein großer Dank geht an den Verlag. Auch wenn ich manchmal kein einfacher Partner war, so haben wir dieses Buch doch sehr gut hinbekommen.

Ich danke Peter Buchenau, meinem Co-Autor und lieben geschätzten Kollegen, der mir die Möglichkeit zu diesem Buch überhaupt erst eröffnete. Ich danke Dir für Deine konkrete und mentale Unterstützung bei der Bewältigung dieses Buches, sowie auch an Marina Bayerl für die Unterstützung beim Lektorat.

Ralf Friedrich möchte ich danken. Er half mir meine Gedanken zu strukturieren und unterstützte mich bei der Erarbeitung dieses Buches.

Auch möchte ich meinen lieben Töchtern danken, die mich, obwohl sie es vermutlich so gar nicht einschätzen, immer wieder motivieren mein Bestes zu geben. Sie helfen mir allein durch Gespräche im Leben voran zu kommen. Danke Carolin und Christin.

Nicht zuletzt möchte ich all den Menschen danken, die mir geholfen haben, auf meinem Weg voranzukommen, sei als Freund, Wegbegleiter oder auch als Herausforderung.

Über den Initiator der Anti-Stress-Trainer- Reihe

Peter Buchenau gilt als der Indianer in der deutschen Red-ner-, Berater- und Coaching-Szene. Selbst ehemaliger Top-Manager in französischen, Schweizer und US-ameri-kanischen Konzernen kennt er die Erfolgsfaktoren bei Füh-rungsthemen bestens. Er versteht es, wie kaum ein anderer,

© Springer Fachmedien Wiesbaden GmbH 2017
S. Becker, *Der Anti-Stress-Trainer für Handelsvertreter,*
DOI 10.1007/978-3-658-12454-0

auf sein Gegenüber einzugehen, zu analysieren, zu verstehen und zu fühlen. Er liest Fährten, entdeckt Wege und Zugänge und bringt Zuhörer und Klienten auf den richtigen Weg.

Peter Buchenau ist Ihr Gefährte, er begleitet Sie bei der Umsetzung Ihres Weges, damit Sie Spuren hinterlassen – Spuren, an die man sich noch lange erinnern wird. Der mehrfach ausgezeichnete Chefsache-Ratgeber und Geradeausdenker (denn der effizienteste Weg zwischen 2 Punkten ist immer noch eine Gerade) ist ein Mann von der Praxis für die Praxis, gibt Tipps vom Profi für Profis. Heute ist er auf der einen Seite Vollblutunternehmer und Geschäftsführer, auf der anderen Seite Sparringspartner, Mentor, Autor, Kabarettist und Dozent an Hochschulen. In seinen Büchern, Coachings und Vorträgen verblüfft er die Teilnehmer mit seinen einfachen und schnell nachvollziehbaren Praxisbeispielen. Er versteht es vorbildhaft und effizient ernste und kritische Sachverhalte so unterhaltsam und kabarettistisch zu präsentieren, dass die emotionalen Highlights und Pointen zum Erlebnis werden.

Stress ist laut der WHO die gefährlichste Krankheit des 21. Jahrhunderts. Stress wirkt aber von Mensch zu Mensch und somit auch von Berufsgruppe zu Berufsgruppe verschieden. Die von Peter Buchenau initiierte Anti-Stress-Trainer-Reihe beschreibt wichtige berufsgruppenspezifische Stressfaktoren und mögliche Lösungsansätze. Zu der Reihe lädt er ausschließlich Experten aus der jeweiligen Berufsgruppe als Autor ein, die sich dem Thema Stress angenommen haben. Als Zielgruppe sind hier Kleinunternehmer, Vorgesetzte und Inhaber in mittelständischen Unternehmungen sowie Führungskräfte in öffentlichen Verwaltungen und Konzernen angesprochen.

Mehr zu Peter Buchenau unter www.peterbuchenau.de

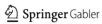

Printed in the United States
By Bookmasters